KB022894

직장인이 알아두면 쓸모 있는 상식과 지식

직장인 3분 지식

직장인 3분 지식

2018년 1월 25일 1판 1쇄 인쇄
2018년 2월 5일 1판 1쇄 발행

지은이 | 조환묵
펴낸이 | 이병일
펴낸곳 | **더메이커**
전 화 | 031-973-8302
팩 스 | 0504-178-8302
이메일 | tmakerpub@hanmail.net
등 록 | 제 2015-000148호(2015년 7월 15일)

ISBN | 979-11- 87809-20-3 (03320)

「이 도서의 국립중앙도서관 출판예정도서목록(CIP)은 서지정보유통지원시스템 홈페이지
(http://seoji.nl.go.kr)와 국가자료공동목록시스템(http://www.nl.go.kr/kolisnet)에서
이용하실 수 있습니다.(CIP제어번호: CIP2018001135)」

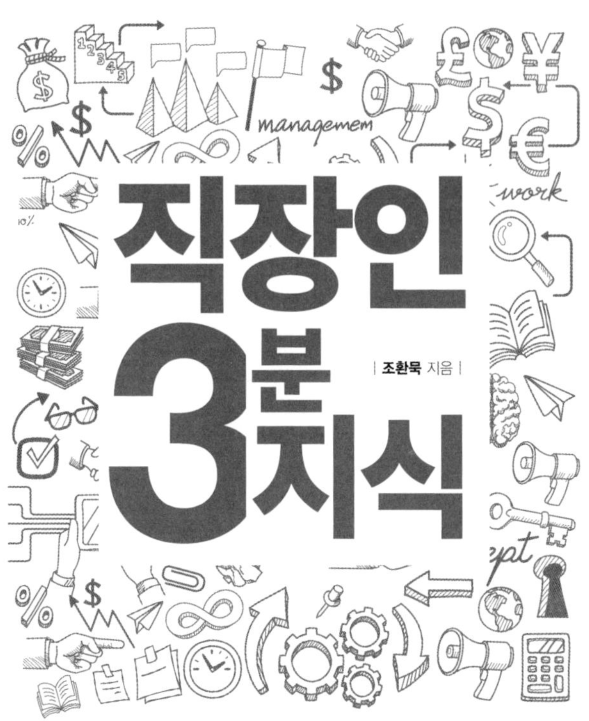

직장인 3분 지식

| 조환묵 지음 |

더메이커

머리말

첫 출근하던 겨울 어느 날!

신입사원 면접 때보다 더 떨리고 긴장되었다. 온갖 상상과 기대로 얼굴은 상기되었고, 자세는 막대기처럼 꼿꼿했다. 인사담당자는 나를 시스템영업부 맨 끝의 책상으로 안내했다. 그 날부터 그토록 가기 원했던 직판영업부에서 일하기 시작했다. 입사동기들은 거의 모두 유통영업부로 발령났지만, 나는 직판영업부로 보내줄 것을 강력히 요구해 관철시켰다.

나는 환영받았다. 가뜩이나 영업사원이 모자랐는데, 신입사원이 자발적으로 들어왔으니 부서장과 선배들은 반가웠던 것이다. 내가 직판영업을 고집한 이유는 나중에 사업을 하기 위해 꼭 필요한 경험이라고 생각했기 때문이다.

신입사원! 배움의 연속

학교에서 배운 것과 별로 관련 없는 일이 눈앞에 펼쳐졌다. 처음엔 얼떨떨했다. 어느 땐 바보가 된 기분도 들었다. 나는 경영학을 전공했기에 정보통신에 대한 기술지식은 전혀 없었다. 이해가 안 되니 골치가 아팠다. 당시 같은 부서에 비슷한 또래가 여럿 있었는데, 대부분 공대 출신이었다. 그들에게 기술에 대한 것을 물어보는 대신 계획서나 보고서 작성 등을 도와주었다. 기술적인 부분은 어려웠지만, 고객을 직접 찾아다니는 직판영업은 희열과 보람이 있었다.

이처럼 신입사원 때 열심히 노력한 덕분에 일본지역전문가로 파견되는 행운이 찾아왔다. 일본에서 복귀한 후에는 상품기획, 조사기획, 전략기획 등 기획업무를 주로 했다. IMF 외환 위기가 닥치고 벤처기업 붐으로 온 나라가 뜨겁던 시절, 마침내 삼성전자 전략기획실을 뒤로 한 채 꿈에 그리던 IT 벤처기업 창업에 나섰다.

늘 부족한 신입사원 교육

주변의 기대와 걱정 속에서 시작한 인터넷 비즈니스는 순조롭게 이어져 신입사원까지 뽑게 되었다. 컴퓨터공학, 디자인, 문학 등 각기 다른 전공의 신입사원을 뽑았다. 전공이 서로 다르다 보니 각자의 눈

높이에 맞는 신입사원 교육을 하기가 어려웠다. 그러다 보니 각자 맡은 업무에 잘 적응하기는 했지만, 비즈니스 전체에 대한 이해나 마케팅, 경영상식 등이 부족한 채 일할 수밖에 없었다.

다행히 벤처캐피탈이 전자상거래의 사업성과 가능성을 인정하여 투자를 하고, M&A를 거쳐 사업을 확장했으나 끝까지 함께 가지는 못했다. 사업의 길을 바꾸고 싶었다. 결국 온라인 비즈니스에서 오프라인 사업으로 눈을 돌려 외식업에 뛰어들었다.

식당 창업자를 위한 책 출간

외식 창업에 나섰다가 많은 시행착오를 겪은 후, 외식 프랜차이즈 본사에 들어가 체계적으로 업무 경험을 쌓고, 노하우를 익혔다. 신규 사업을 맡고나서는 여러 분야의 직원을 채용하고 실무 교육을 했다. 모두 자신의 업무는 열심히 노력하여 점차 성장하는 모습을 보여주었지만, 다른 분야의 지식이나 공부는 늘 모자랐다. 외식업에 대한 이해, 시장과 고객을 바라보는 시각, 마케팅상식, 경영관련 일반지식 등이 미흡하여 전반적인 능률 향상이나 시너지 효과를 기대하기 어려웠다.

이때 많은 식당 창업자를 가까이에서 지켜봤다. 충분한 준비와 사전 경험 없이 식당 창업에 도전해서 고생하는 걸 보고 안타까움 마음이 들었다. 그래서 식당 창업 프로세스를 알려주고, 성공의 길라잡이가 되어 주고자 외식창업 가이드북을 출간했다.

직장인을 위한 책을 펴내다

지금은 ㈜투비파트너즈를 창업하여 HR컨설턴트로 일하고 있다. 평소 경력인재뿐 아니라 신입인력을 자주 접하곤 한다. 그들에게 경력 개발이나 진로 상담 등 커리어컨설팅을 해주다 보니 자연스럽게 '직장인이 알아두면 쓸모 있는 상식과 지식'에 대한 관심이 생겨 이 책을 쓰게 되었다.

내가 겪었던 신입사원 시절, 내가 채용한 신입사원을 교육했던 경험, 25년여의 회사생활을 통해 알게 된 경영상식, HR컨설턴트가 제안하는 직장인의 기초상식 등을 한데 모았다. 이를 큰 카테고리로 나누고 2개 이상의 키워드를 결합하여 한 꼭지씩 묶어냈다.

Chapter 1 '회사에서 승진하는 법'에서는 갓 입사한 신입사원을 포함한 직장인이 조직생활을 하면서 알아둬야 할 마음가짐이나 태도, 행동 등에 관한 내용으로 구성했다. 상식으로 알아두면 도움이 되는 인사 관련 법칙이나 원리, 효과 등을 통해서 원만한 인간관계를 형성하고 리더로 인정받아 승진하기를 바라는 마음에서다.

Chapter 2 '경쟁에서 이기는 마케팅'에서는 널리 알려진 마케팅 용어를 중심으로 테마와 키워드를 선정했다. 마케팅 담당부서뿐 아니라 회사의 모든 부서가 마케팅 상식을 기본적으로 알아야 된다는 생각에 쉽고 흥미로운 내용 위주로 엮었다.

Chapter 3 '성장을 위한 경영 이론'에서는 기업이 성장하고 발전하는 데 필요한 경영 원칙과 이론을 소개했다. 회사에서 능력을 인정받으려면 시키는 일만 해서는 힘들다. 회사의 경영방침과 사업전략을 이해하고 경영진의 의사결정을 정확히 받아들이기 위해 기본 경영 지식이 필요하다. 그래야 적극적으로 행동할 수 있고 좋은 성과를 낼 수 있다.

Chapter 4 '살아남기 위한 기업의 생존 전략'에서는 기업의 최우선 과제가 장기적 성장, 즉 생존이라는 측면에서 무엇을 알아야 하는지 들여다봤다. 기업마다 생존 비결이나 전략이 다르지만, 일반적으로 적용할 만한 기본 법칙과 원리를 중심으로 서술했다.

Chapter 5 '사회와 함께하는 직장인'에서는 개인이 사회적 존재로서 더 나은 사회를 만들고 자신의 삶을 개척하는데 도움이 될 만한 내용을 소개했다. 직장인은 회사를 먼저 생각하고 그 속에서 자신의 삶과 보람을 찾아 조화를 이루어야 한다.

끝으로 참고부록의 '소비자를 알면 시장이 보인다'에서는 마케팅 활동의 첫 단추인 소비자 조사 결과를 총망라했다. 다양한 시각과 기준으로 소비자층을 분류하여 한 눈에 추세와 흐름을 알 수 있도록 테마별로 묶어 별도의 부록으로 엮었다. 회사가 공략하는 목표시장과 소비자층을 명확하게 정하는 일은 회사의 경영진뿐 아니라 모든 부서의 구성원이 공유해야할 기초 업무다.

이 책은 대중적으로 널리 알려진 용어와 법칙 위주로 테마를 정하고 키워드를 선정해 이해하기 쉽게 전달하고자 했다. 경영학 교과서에 나오는 딱딱한 이론은 가급적 배제했다. 이번 기회에 더 많은 경영지식이나 실무이론 등을 알고 싶으면 참고문헌에서 몇 권을 골라 읽어보기를 권한다.

끝으로 이 책이 나오기까지 곁에서 응원해주고 조언을 아끼지 않은 아내에게 고마운 마음을 전한다.

조환묵

차례

Chapter 2. 경쟁에서 이기는 마케팅

Chapter 3. 성장을 위한 경영 이론

Chapter 4. 살아남기 위한 기업의 생존 전략

Chapter 5. 사회와 함께하는 직장인

참고부록. 소비자를 알면 시장이 보인다

1

CHAPTER

회사에서 승진하는 법

치열한 구직 경쟁을 뚫고 취업에 성공했다는 기쁨도 잠시, 이내 살벌한 사내 경쟁에 내몰리게 된다. 회사원이라는 명함을 받은 이상, 실적과 성과를 내지 않으면 냉혹한 경쟁에서 밀려나게 된다.
학교 다닐 때는 나만 열심히 하면 되지만, 회사에 들어가서는 나 혼자만 잘 한다고 알아주지 않는다. 주어진 소임을 다해야하는 것은 물론 상사, 동료와의 관계 또한 중요하게 작용한다. 아울러 자기계발을 꾸준히 하여 역량을 키워나가야 한다. 자신과의 싸움에서 이기고 도전에 맞서 부단히 노력해야 훌륭한 리더가 될 수 있다

01

안나 카레니나 법칙과 성공 조건

잘 나가는 사람은 모두 비슷하다

"행복한 가정은 모두 비슷하지만, 불행한 가정은 저마다 이유가 다르다."

톨스토이의 소설 《안나 카레니나》에 나오는 첫 문장이다. 행복한 가정을 이루는 데 꼭 필요한 여러 조건 중 어느 하나라도 어긋나면 그 나머지 조건이 충족되더라도 불행해질 수밖에 없다는 말이다. 예컨대 부부 금슬이 좋지 않거나, 어느 한쪽이 외도를 하거나, 너무 가난하거나, 난치병에 걸린 환자가 있거나, 가족 중 누군가가 폭력을 휘두르거나 하면 불행한 가정이 될 수 있다.

이것을 **안나 카레니나 법칙**(Anna Karenina's Priniciple)이라고 한다. 미국 캘리포니아의대 진화생물학자인 재레드 다이아몬드(Jared Diamond) 교수는 그의 유명한 저서 《총 · 균 · 쇠》에서 "가축화할 수 있는 동물은 모두 비슷하지만, 가축화할 수 없는 동물은 저마다 이유가 다르다."며 야생동물의 가축화에 적용되는 원칙으로 이 법칙을 제시했다.

그는 전 세계의 수많은 초식성 야생 포유류 가운데 4,500년 전부터 사육되기 시작한 소, 돼지, 양, 말, 닭, 오리 등 14종 이외에는 가축화에 성공한 사례가 없는 이유를 다음과 같이 설명했다. 인간이 키울 수 있는 가축이 되기 위해서는

- 주변에서 쉽게 구할 수 있는 식물을 먹이로 하고(식성),
- 빨리 성장해야 하며(성장 속도),
- 가두어 둔 상태에서도 번식할 수 있어야 하고(짝짓기 습성),
- 성질이 거칠거나 위험하지 않아야 하고(성격),
- 덜 예민하고(겁먹는 버릇),
- 무리를 이루면서 위계질서가 있어야 한다(사회조직).

그런데 많은 야생 포유류가 한 가지 조건 이상에서 어긋났기 때문에 가축이 되지 못했다.

이와 비슷한 법칙이 또 있다. 바로 **최소량의 법칙(Law of the Minimum)**이다. 1840년 독일의 식물학자이자 화학자인 유스투스 리비히(Justus von Liebig)는 필수 영양소 중 식물의 성장을 좌우하는 것은 넘치는 요소가 아니라, 가장 부족한 요소라고 주장했다. 가령 질소, 인산, 칼륨, 석회 중 어느 한 가지 요소가 부족하면 다른 것이 아

무리 많아도 식물은 제대로 자랄 수 없다는 것이다. 즉 최소량의 법칙은 최대가 아니라 최소가 성장을 결정한다는 이론이다.

우리 주변에서도 얼마든지 최소량의 법칙과 관련된 사례를 찾아볼 수 있다. 예를 들면, 오디오의 소리는 스피커, 앰프, 플레이어, 음반 중 가장 성능이 떨어지는 것에 의해 결정되며, 회의는 맨 나중에 도착하는 사람에 의해 시작된다.

기업의 경쟁력 역시 최소량의 법칙이 적용된다. 기업은 기술, 생산, 구매, 품질, 마케팅, 재무 등 여러 기능이 맞물려 돌아가기 때문에 다른 기능이 아무리 뛰어나도 가장 낮은 기능의 수준에 맞춰질 수 밖에 없다.

직장인도 마찬가지다. 오래된 습관처럼 지각을 자주 하는 신입사원, 상사의 업무 지시를 정확히 이해하지 못했는데도 다시 묻지 않아 결국 실수를 저지르는 얼렁뚱땅 동료 직원, 신제품 출시일정을 맞추느라 좀 무리했다고 며칠 동안 끙끙 앓아눕는 약골 박 대리, 사원 시절에는 시키는 업무는 뭐든 잘했는데 과장 승진 후에는 일을 스스로 만들어 내지 못해 성과가 떨어지는 만년 김 과장, 팀원들에게 거친 소리 한마디 못한 채 속으로 냉가슴만 앓다가 실적을 달성하지 못하는 소심한 이 부장 등 신입 시절에는 별 차이가 없지만 나중에는 성과와 실적 면에서 차이가 크게 벌어져 소수의 능력자만이 승진한다. 회사에서 요구하는 직원의 필수 역량 중 어느 것 하나라도 크게 부족하면 그것에 의해서 인사 평가가 좌우되기 때문이다.

사람들은 흔히 한두 가지 강점만 있으면 성공할 수 있다는 식으로 간단히 설명하려고 한다. 그러나 실제로 성공을 거두려면 다양한 실패 요인을 극복할 수 있어야 한다. 누구도 안나 카레니나 법칙을 피해갈 수 없다.

02

피그말리온 효과와 긍정적 사고

간절히 원하면 이루어진다

"어느 날 조각가 피그말리온은 정말로 아름다운 여인의 조각상을 만들었다. 얼마나 아름다웠던지 그는 자신이 만든 조각상과 사랑에 빠지게 되었다. 그의 사랑은 갈수록 뜨거워졌지만 조각상은 언제나 차갑고 말이 없었다. 그래서 그는 비너스 여신에게 이 조각상과 똑같은 여인을 내려달라고 간절히 빌었다. 비너스는 그의 뜨거운 사랑에 감동하여 차가운 대리석 조각상에게 생명을 주었다."

그리스신화에 나오는 피그말리온 이야기다. 여기에서 유래한 **피그말리온 효과(Pygmalion Effect)**란 누군가 진심으로 어떤 믿음과 기대를 가지고 열심히 노력하면 그것이 실제로 이루어지는 현상을 말한다.

자기에 대한 강력한 암시로 나타나는 이러한 현상은 타인에 의해서도 똑같은 효과가 나타난다. 다른 사람의 기대와 인정을 받으면 스스로 노력해서 그 기대에 부응하는 모습으로 변하기 때문이다. 교육 심리학에서는 이것을 **로젠탈 효과(Rosenthal Effect)**라고 부른다. 선생님의 관심과 기대가 학생에게 매우 긍정적 영향을 미치는 심리적 요인으로 작용한다는 것이다.

1968년 하버드대 사회심리학과 교수인 로버트 로젠탈(Robert Rosenthal)은 미국의 한 초등학교에서 실험을 했다. 무작위로 한 반에서 20% 정도의 학생을 선발하여 '너는 잘 할 수 있다'며 칭찬과 격려를 아끼지 않자, 8개월 후 실제로 성적이 훨씬 더 좋아졌다. 피그말리온 효과를 실제로 교육 현장에 적용한 사례다.

"칭찬은 고래도 춤추게 한다."는 말처럼 학생을 가르치는 선생님뿐만 아니라 가정이나 회사에서도 상대방을 존중하면서 칭찬하고 동기를 부여한다면 언제나 좋은 성과를 기대할 수 있을 것이다.

이와 반대로 어떤 사람이 다른 사람으로부터 부정적 낙인이 찍히면 그 사람의 행태가 나쁜 쪽으로 변해가는 현상을 말하는 **스티그마 효과(Stigma Effect)**가 있다. 일명 **낙인 효과(Labelling Effect)**라고도 한다. 미국 서부시대에 불에 달군 도장으로 가축의 등에 낙인(stigma)을 찍어서 자신의 소유임을 표시한 데서 유래한 용어다. 사회심리학에서는 일탈행동을 설명하는 도구로 사용하고 있다. 예를 들어 범죄자가 또 다른 범죄자를 만들고, 왕따가 또 다른 왕따를 낳는 악순환 등을 설명하는데 사용한다.

긍정적 생각을 하면 피그말리온의 효과가, 부정적 생각을 하면 스티그마 효과가 자신의 인생뿐만 아니라 다른 사람의 인생도 바꿀 수 있다는 사실을 기억해야 한다.

03

메라비언 법칙과 첫인상

스티브 잡스처럼 행동하라

사람의 첫인상은 말의 내용보다 얼굴표정, 외모, 태도 등 시각적 요소에 크게 영향받는다고 한다. 이것을 **메라비언 법칙(The Law of Mehrabian)**이라고 부른다. 미국 UCLA대학의 심리학과 교수 앨버트 메라비언(Albert Mehrabian)은 누군가와 첫 대면을 했을 때 그 사람에 대한 첫인상을 결정짓는 요소가 무엇인지 연구한 결과를 발표했다.

그는 한 사람이 상대방으로부터 받는 이미지에 목소리가 38%, 얼굴표정이 35%, 자세와 태도가 20%의 영향을 끼치는 반면, 말의 내용은 겨우 7%만 영향을 끼친다는 사실을 발견했다. 표정, 말투, 목소리, 자세, 시선 등의 비언어적 요소가 93%나 차지한다는 것이다.

입사 면접을 볼 때 누구나 긴장하기 마련이다. 어떤 사람은 너무 긴장한 나머지 얼굴이 굳어져 면접관의 질문에 제대로 대답하지 못한다. 반면에 어떤 사람은 편안하고 웃음 띤 표정으로 질문에 또박또박

답변한다. 두 사람의 면접 결과는 안 봐도 뻔하다. 그러므로 질문에 대한 적절한 대답만큼이나 면접관에게 미소를 지으며 건네는 첫인사 같은 비언어적 요소 또한 중요하다는 것을 강조하고 싶다.

또 한 가지 주목할 점은 언어적 요소가 사실을 전하는 반면, 비언어적 요소는 감정을 전달한다는 점이다. 예를 들어 프레젠테이션을 할 때 발표 내용은 발표자의 말을 통해 청중에게 전달되고, 발표자의 신념이나 태도 등은 발표자의 비언어적 요소를 통해 청중에게 전달된다.

애플의 스티브 잡스(Steve Jobs)는 메라비언 법칙을 잘 활용한 사람이다. 그는 미래를 지향하는 확고한 신념과 자신감, 애플제품에 대한 강한 신뢰와 뜨거운 열정, 인상적이고 재치 있는 퍼포먼스, 한 눈에 메시지를 전달할 수 있는 키워드와 슬라이드, 청중의 공감을 이끌어내는 드라마틱한 스토리 전개, 철저하게 계산된 이미지 연출, 연습에 연습을 거듭한 완벽주의 추구 등으로 누구도 흉내 낼 수 없는 프레젠테이션의 정수를 보여주었다.

대부분 회사의 신제품 발표회는 지루함 그 자체다. 청중이 감동을 받는 경우는 거의 없다. 그러나 스티브 잡스의 프레젠테이션은 한편의 드라마처럼 청중들을 감동의 도가니에 빠뜨린다. 그는 최고의 비즈니스맨이자 전 세계인을 열광하게 만드는 엔터테이너였다. 스티브 잡스는 다른 사람과 대화할 때 '무엇을 말하는가?'보다는 '어떻게 말하는가?' 그리고 '어떻게 보이는가?' 하는 시각적 요소의 중요성을 잘 알고 실천한 사람이다.

대형 CF광고 프로젝트를 수주하기 위해서 광고기획사는 팀을 구성하여 밤 새워가면서 프레젠테이션을 준비한다. 짧은 시간에 모든 것을 보여주어야 하기 때문이다. 광고주의 마음에 들기 위해서는 발표 내용도 좋아야 하지만, 발표자의 외모와 복장, 표정과 자세, 말투와 태도, 자신감과 신뢰감 등 비언어적 요소도 좋아야 한다.

모든 사람이 스티브 잡스처럼 될 수는 없겠지만, 그를 거울삼아 자신의 모습과 표정, 태도, 말, 행동에 좀 더 관심과 주의를 기울인다면 조금씩 긍정적 변화가 일어날 것이다.

후광 효과와 선입견

매력 있는 사람이 연봉을 더 많이 받는다고?

예쁘거나 잘 생긴 학생이 좋은 점수를 받는다거나, 매력 있는 외모의 직장인 그룹이 그렇지 못한 그룹보다 평균연봉이 더 높다는 조사 결과는 흥미롭다. 이러한 현상은 왜 일어나는 걸까? 바로 후광 효과 때문이다.

후광 효과(Halo Effect)란 어떤 사람의 특성에 대한 평가가 그 사람의 다른 특성에 대한 평가에 영향을 미치는 심리현상이다. 주로 어떤 사람에 대한 인상이나 인성, 업무수행 능력을 평가할 때 나타난다. 이에 대해 논리적 사고과정이 바르지 못해 잘못된 판단을 하는 인간의 논리적 오류 때문에 생기는 불가피한 현상이라는 주장도 있다.

청년취업난이 점점 더 심각해지고 있는 요즘에 졸업을 앞둔 젊은 이들이 입사 면접에 대비하여 미용, 패션 등 외모 가꾸기에 신경 쓰는 것은 물론, 성형 수술까지 감행한다. 이처럼 외모에 과도한 신경을 쓰는 이유는 단순히 학력과 실력으로만 가늠하기 어려울 만큼 스펙 좋은 경쟁자가 많기 때문이다. 고만고만한 경쟁자와 변별력을 가지기 위해 일종의 후광효과를 기대하는 것이다. 앞서 언급했던 메라비언의 법칙을 무시할 수 없기 때문이기도 하다.

후광 효과는 홍보, 광고 등 마케팅 분야에서도 적극적으로 활용하고 있다. 특히 광고는 후광 효과가 확실하게 드러나는 분야다. 광고에 등장하는 인기 연예인이나 유명 운동선수의 후광 효과는 브랜드 이미지 향상과 함께 광고 상품의 매출 증가로 이어지곤 한다. 예컨대 피부가 깨끗한 유명 여배우의 화장품 광고를 본 여성들은 그 화장품을 사용하면 여배우처럼 자기 피부도 깨끗해질 것이라고 생각한다. 또 날씬하고 예쁜 인기 아이돌의 의류 광고를 본 학생들은 그 아이돌처럼 멋있는 자신의 모습을 상상하게 된다. 광고 모델의 후광 효과가 확실하게 나타나는 것이다.

보통 후광 효과는 긍정적 측면이 강하지만, 선입견이나 편견 등 부정적 측면도 나타난다. 이를 **부정적 후광 효과**(Negative Halo Effect)라 한다.

이런 부정적 요소를 제거하기 위해 어느 대기업은 이력서에 학력, 나이, 성별 등을 기재하지 않고 신입사원 면접을 진행한 결과, 유명대학 출신의 합격자 비율이 절반 이하로 떨어졌다고 한다. 공기업에서도 똑같은 방식으로 신입사원 면접을 봤더니, 예년에 비해 지방대학 출신자가 두 배 이상 합격했다고 한다. 또 오케스트라 신입단원의 실기 면접 때도 비슷한 일이 종종 벌어진다. 면접자의 모습을 가린 채 오로지 연주만 듣고 합격자를 발표했는데, 과거에 한 여러 차례 떨어졌던 여성 응시자였다고 한다.

기업에서는 신제품을 개발하거나 판매 확대를 위한 프로모션을 전개할 때 블라인드 테스트(Blind Test)를 실시한다. 이는 부정적 후광 효과를 사전에 막기 위해서다.

과거에 영원한 2등 펩시콜라가 코카콜라를 따라잡기 위한 이벤트로 블라인드 테스트를 실시한 적이 있다. 행인들을 대상으로 블라인드 테스트를 한 결과, 펩시콜라가 맛있다는 쪽이 더 많았다. 그런데 브랜드를 보여준 상태에서는 코카콜라를 선택한 사람이 더 많았다. 브랜드 인지도에 따른 후광 효과의 대표 사례다.

05

초두 효과와 인사 평가

시작이 좋아야 기억에 더 남는다

두 집단에게 한 사람의 성격과 특성에 대해 소개했다. A집단에게는 '똑똑하고 근면하다. 하지만 충동적이며 비판적이고 고집이 세고, 질투심이 강하다'고 얘기하고, B집단에게는 '질투심이 강하고, 고집이 세며, 비판적이고, 충동적이다. 하지만 근면하고 똑똑하다'고 설명했다. 단어를 나열하는 순서만 거꾸로 했을 뿐 똑같은 단어를 썼고, 똑같은 길이로 말했다.

두 집단은 소개받은 사람에게 어떤 첫인상을 받았을까? A집단은 대체로 성실한 사람 같다고 좋게 평가했고, B집단은 문제가 많은 사람같이 느껴진다고 대답했다.

첫인상이 우리에게 미치는 영향력이 어느 정도인지 알아보기 위해 미국의 사회심리학자 솔로몬 애쉬(Solomon Asch)가 한 실험이다. 최초에 입력된 정보가 무엇인가에 따라 평가가 달라진 것이다.

이처럼 먼저 제시된 정보가 나중에 들어온 정보보다 사람의 기억에 더 큰 영향을 미치는 심리 현상을 **초두 효과(Primacy Effect)**라고 말한다. 초두(Primacy)는 사람을 처음 본 후 머릿속에 남게 되는 첫인상을 뜻한다. 초두 효과는 뇌가 가진 한계 때문에 발생한다. 뇌는 처음에 들어온 정보를 입력한 뒤 그 뒤에 들어오는 정보는 이에 맞춰서 해석하려는 경향이 있기 때문이다.

흔히 첫인상이 중요하다는 말은 초두 효과에 근거를 두고 있다. 일반적으로 면접에서 첫인상이 좋으면 면접관에게 호감을 주고, 프로젝트를 발표할 때 발표자의 자신감 있는 태도는 고객에게 좋은 인상을 남긴다.

행정학에서는 이를 **첫머리 효과(Primacy Effect)**라고 하는데, 인사평가를 할 때 전체기간의 근무성적을 평가하는 것이 아니라 최초의 실적과 성과를 중심으로 평가하는 것을 말한다.

초두 효과와 유사한 개념으로 **맥락 효과(Context Effect)**가 있다. 최초로 알게 된 정보가 이후에 알게 된 정보에 대한 판단 기준을 제공하고 전체 맥락을 만드는 현상이다. 처음에 긍정적 정보를 얻은 대상이라면 이후에도 긍정적으로 생각하게 되고, 반대로 처음에 부정적 정보를 얻은 대상이라면 나중에도 부정적으로 판단하게 되는 것을 가리킨다.

예컨대 평소에 성실한 사람이 어쩌다가 결근하면 '무슨 안 좋은 일이 있나'라고 생각하는 반면에, 게으른 사람이 어쩌다 한 번 지각하면 '어제 밤새 게임 하느라 늦게 일어났군' 하고 부정적으로 생각하는 것은 맥락 효과 때문이라 할 수 있다.

최신 효과(Recency Effect)는 초두 효과의 반대말로 처음에 제시된 정보보다 마지막에 제공되는 정보가 인상 형성에 더 큰 영향을 미치는 것을 말한다.

예를 들어 실험자에게 10개의 단어를 순서대로 보여주면 맨 처음 단어보다 마지막 단어를 더 쉽게 기억한다거나, 오디션 프로그램에서 첫 출연자보다 마지막 출연자가 인상에 더 많이 남는 것을 말한다.

행정학에서는 이를 **막바지 효과**(Recency Effect)라고 부르며, 인사고과기간의 전체 근무성적을 평가하기보다는 최근의 실적을 위주로 평가하는 것을 말한다.

한편 **빈발 효과**(Frequency Effect)란 어떤 사람의 첫인상이 부정적이라고 해도 계속해서 좋은 모습을 보여 주면 점차 긍정적 이미지로 변하는 현상을 말한다.

첫인상을 결정하는 시간에 대한 흥미로운 조사 결과가 있다. 첫인상을 결정짓는 시간이 미국인은 15초, 일본인은 6초, 한국인은 3초라는 것이다. 이 정도면 우리나라 사람은 상대방과 인사를 나누기도 전에 그 사람을 판단한다고 봐도 된다. 그런데 이렇게 3초 만에 결정된 첫인상은 콘크리트처럼 단단히 굳어져서 그 이후 60번을 만나야 겨우 바꿀 수 있다고 한다. 첫인상이 부정적이면 긍정적 이미지로 변화시키는 것은 그만큼 어려운 일이다.

내가 첫눈에 상대방을 지레 짐작하는 것처럼 상대방도 나를 처음 보는 순간에 판단해버리기 때문에 첫인상에 대해 늘 신경 써야 한다.

06

피터의 원리와 무능력자의 승진

직장인은 무능력이 드러날 때까지 승진한다

"회사 내에서 일 잘하기로 소문난 홍 대리는 입사 동기들보다 빨리 과장으로 승진하여 최연소 팀장이 되었다. 그런데 홍 과장이 맡고 있던 팀의 업무 성과가 계속해서 부진을 면치 못했다. 실무자로서 능력은 뛰어났지만, 팀장으로서 팀원을 잘 이끌지 못했기 때문이다. 한마디로 리더십이 부족했던 것이다."

"탁월한 실적과 훌륭한 리더십의 소유자 박 부장은 승승장구하여 모두의 예상대로 상무로 승진했다. 회사의 미래를 좌우할 신사업본부장이 된 박 상무는 신규 사업을 연이어 추진했다. 그러나 결과는 참담했다. 모두 실패했다. 그에게는 미래를 내다보는 통찰력도, 날카롭고 치밀한 기획력도 없었다. 그저 불도저처럼 밀어붙이기만 한 것이다."

조직 내에서 모든 구성원은 자신의 무능력함이 드러날 때까지 승진하는 경향이 있다고 한다. 이러한 경향을 **피터의 원리**(The Peter Principle)라고 한다. 이는 무능해지기 쉬운 조직의 병리현상을 지적하는 이론으로 위의 사례처럼 무능력한 관리자를 빗대어 사용되기도 한다.

이 원리를 처음 주장한 사람은 미국 컬럼비아대학 교수였던 로렌스 피터(Laurence J. Peter)다. 그는 1969년 작가인 레이몬드 헐(Ramond Hull)과 함께 쓴 책 《피터의 원리(The Peter Principle)》에서 수백 건의 무능력 사례를 연구한 결과, "무능력자의 승진이 위계 조직에서 보편적으로 나타나고 있다."고 밝혔다.

그는 승진이라는 체계가 자기가 잘하는 일에서 못하는 일로 옮겨가는 과정이라고 설명한다. 조직에서 능력을 인정받아 승진하지만, 새로운 지위에 오르면 이전에는 경험하지 못한 업무를 새로 시작해야 한다는 것이다. 다시 말해 일을 잘 할 만하면 승진하여 새로운 업무를 맡게 되어 일의 능률이 떨어진다는 것이다. 로렌스 피터 교수는 이런 승진 과정이 반복되면서 조직의 높은 자리가 무능력한 사람으로 채워지게 된다고 주장한다.

이렇게 되는 주된 이유는 윗자리가 빌 경우 바로 아래 사람에게 그 자리를 주기 때문이다. 그 자리에 맞는 사람인지 아닌지 검증도 없이 승진하는 것이다. 따라서 피터의 원리에 따르면 연공서열을 중시하는 관료조직은 무능한 사람으로만 채워질 가능성이 높다.

일반적으로 자신의 능력을 넘어서는 지위까지 승진하는 사람은 그

것이 자신의 최종 직위임을 직감적으로 알게 된다. 그렇다고 자신의 무능력을 순순히 인정할까? 어떤 사람은 일중독자가 되어 자신의 유능함을 증명하려고 한다. 어떤 사람은 무능을 감추려고 하다가 스스로 파멸에 이르기도 한다.

피터의 원리에 따르면, 행복한 삶이란 자신의 능력을 충분히 발휘할 수 있는 수준의 성공에 만족하는 것이다. 그러나 인간의 욕망은 자신을 끝임 없이 채찍질하여 산꼭대기까지 오르도록 한다. 대부분의 사람은 중도에 넘어지고 쓰러져 힘을 모두 소진한 후에야 산 정상에 오르는 것을 포기한다. 피터의 원리에서 벗어나려면 자신이 멈춰야 할 곳을 깨닫고 욕망의 끈을 제때 놓을 수 있는 현명함과 결단력을 지녀야 한다.

07

파킨슨 법칙과 관료주의

공무원이 계속 늘어나는 이유

제2차 세계대전 당시 영국 해군에 근무했던 시릴 파킨슨(Cyril N. Parkinson)은 영국 해군의 인력구조 변화에 주목하였다. 그는 해군 장병과 군함이 줄었는데도 불구하고 해군 본부의 공무원 숫자가 늘어난 것에 의문이 들었다. 시릴 파킨슨은 공무원의 숫자는 업무량과 관계없이 계속 늘어난다며, 거대조직의 비효율성은 필연적이라고 단언하였다. 이것을 **파킨슨 법칙(Parkinson's Law)**이라고 한다. 오늘날에도 조직의 병리를 진단하는 이론으로 널리 쓰이고 있다.

그는 파킨슨 법칙이 발생하는 이유로 두 가지를 지적했다. 첫째, 공무원은 업무가 과중해지면 동료와 업무를 나누기보다 자신을 도와줄 부하직원을 두기 원하기 때문이다. 둘째, 부하직원을 두면 혼자서 일하던 때와 달리 지시, 보고, 결재, 감독 따위의 추가 관리업무가 생겨나 업무량이 늘어나기 때문이다.

파킨슨 법칙은 공무원 조직뿐 아니라 대기업 같은 거대한 경영 조직에도 나타난다. 소위 대기업병이라고 부르는 그것이다. 한 가지 유감스러운 것은 모든 사람이 이 법칙을 잘 알고 있으면서도 그 영향으로부터 쉽사리 벗어나기 어렵다는 점이다. 왜냐하면 관료주의의 단점과 부작용이 있다고 해서 관료 조직을 해체하거나 다른 조직으로 대체할 수 없기 때문이다.

일찍이 독일의 사회학자 막스 베버(Max Weber)는 많은 양의 업무를 처리하는데 관료제가 적합하다고 주장했다. 관료제란 대규모 조직에서 많은 업무를 빠르고 효율적으로 처리하기 위해 탄생한 '서열화된 권위구조'를 말한다. 관료제에서는 미리 규정과 절차가 정해져 있고 각각의 업무는 전문화되어 있으며, 책임 소재가 명확하여 대규모 업무도 빠르고 안정적으로 처리할 수 있다. 이러한 관료적 특성은 자본주의가 발달하면서 거의 모든 조직에서 보편적으로 나타났다. 국가는 물론, 회사, 학교, 병원 등 효율성과 합리성을 지향하는 대규모 조직이라면 거의 모두 관료제 구조를 갖추고 있다.

하지만 관료제는 권력이 피라미드 위의 소수에게 집중되어 의사결정의 구조가 매우 권위적이고, 형식과 규정 그리고 절차에 너무 얽매여 오히려 업무의 목적을 상실하게 되는 악영향도 끼친다. 많은 기업이 관료주의의 부정적 영향에서 탈피하기 위해 노력하고 있지만, 관료주의의 장단점은 동전의 양면과도 같아서 그 굴레에서 빠져 나오기 매우 어렵다. 그렇다고 해서 손을 놓아서는 안 된다. 관료주의의 약점을 보완하고 부작용을 사전에 예방하기 위해 끊임없이 개선해야 한다.

그레샴 법칙과 조직 문화

똑똑한 직원이 회사를 떠나는 이유

누구나 한 번쯤 '악화(惡貨)가 양화(良貨)를 구축(驅逐)한다(Bad Money drives out Good)'는 말을 들어봤을 것이다. '질이 낮은 화폐가 질이 높은 화폐를 몰아낸다.'는 의미다. 이를 그레샴 법칙(Gresham's Law)이라고 한다. 16세기 영국의 재정고문인 토머스 그레샴(Thomas Gresham)의 이름을 딴 법칙이다.

이 법칙은 가치가 서로 다른 화폐가 동일한 액면가로 시중에 유통될 경우, 은의 함량이 매우 높아 귀금속 가치가 높은 은화(양화)는 유통시장에서 사라지고, 은의 함량이 낮아 귀금속 가치가 낮은 은화(악화)만 유통되는 것을 말한다. 아주 옛날이야기 같지만, 불과 100여 년 전까지만 해도 일상적으로 벌어지던 일이다.

그런데 오늘날 그레샴 법칙은 비유적 표현으로 더 많이 사용하고 있다. 주로 나쁜 것(악화)이 좋은 것(양화)을 몰아낸다는 뜻으로 쓰인다. 소비자가 불법 다운로드한 게임을 많이 이용함에 따라 정품 소프트웨어가 시장에서 사라지는 것이 대표적 예다.

이렇게 형성된 질 낮은 시장을 경제학 용어로 **레몬 시장(Lemon Market)**이라고 부른다. 이는 재화나 서비스의 품질을 구매자가 알 수 없기 때문에 불량품만 돌아다니게 되는 시장 상황을 말한다. 영어에서 레몬은 속어로 형편없는 것, 고물차, 결함 있는 차를 가리킨다. 서양에서는 레몬이 쓰고 신맛이 강해 맛없는 과일 중 하나로 손꼽힌다. 게다가 레몬은 속부터 썩는 과일이어서 겉만 봐서는 상태를 알 수 없기에 불량품이라는 의미가 붙었다.

레몬 시장이 발생하는 이유는 정보의 비대칭성에 있다. 예를 들어 중고 자동차처럼 실제로 구입해 타보지 않으면 소비자는 그 차의 진짜 품질을 알 수 없다. 새 자동차의 경우도 마찬가지다. 새로 출시된 자동차의 품질에 문제가 있는지 없는지 일반 소비자는 알지 못한다. 실제로 이용한 후에 하자가 발생하거나 자동차 회사가 리콜을 해야 비로소 알게 된다.

그레샴 법칙은 인간관계에서 가장 적나라하게 드러난다. 학교에서 착하고 순한 학생을 못살게 굴거나 집단 따돌림을 하는 것, 회사에서 정직하고 우수한 직원을 의도적으로 소외시키는 일 등이 바로 그것이다.

실제로 상사가 똑똑하고 유능한 부하직원 대신 무능하지만 말 잘

든는 부하직원을 신임해서 똑똑한 직원이 회사를 떠나는 일이 심심찮게 벌어진다. 또 회사 내부의 부정부패를 고발한 직원이 조직에서 의도적으로 밀려나거나 쫓겨나는 일도 벌어진다.

따라서 능력 있고 좋은 직원(양화)은 승승장구하고, 능력 없고 나쁜 직원(악화)은 자연스럽게 도태될 수 있도록 건강한 조직문화를 만드는 것은 회사의 운명을 좌우할 만큼 중요한 일이다. 악화가 양화를 구축하는 회사는 스스로 무너지고 말 것이다.

감정노동과 스트레스

감정노동자는 자살 충동을 4.6배 더 느낀다

콜센터 상담직원, 백화점 판매원, 식당 직원, 항공사 승무원 등은 모두 감정노동자다. **감정노동**(Emotional Labour)이란 배우가 연기하듯 직업적 필요에 의해 자신의 감정을 숨긴 채 타인의 감정에 맞추는 일을 일상적으로 수행하는 것을 말한다. 1983년 미국 UC버클리대학의 사회학교수 앨리 혹실드(Arlie Russell Hochschild)가 이 용어를 최초로 사용했다.

감정노동을 하는 직업에는 크게 세 가지 종류가 있다.

첫째, 항상 밝은 미소를 짓는 긍정적 감정노동을 하는 직업이다. 콜센터, 백화점, 호텔, 식당, 항공사 같은 일반 서비스업이 이에 속한다.

둘째, 되도록 화난 듯한 목소리를 내거나 위압적 태도를 보이는 부정적 감정노동을 하는 직업이다. 경찰, 검찰, 조사관, 감독관, 채권

추심원 등이 이에 속한다.

셋째, 무표정한 중립적 감정노동을 하는 직업이다. 판사, 스포츠 심판, 장의사, 카지노 딜러 등이 이에 속한다.

우리는 살아가면서 매일 감정노동자와 마주친다. 아파트를 나서는 주민에게 반갑게 인사하는 경비원아저씨, 식당에서 손님에게 밥상을 차려주는 아주머니, 백화점에서 변덕스러운 고객의 비위를 맞춰주는 판매직원, 불만 가득한 소비자의 전화를 친절하게 받아넘기는 콜센터 상담원, 고객의 무리한 배달요구에 응할 수밖에 없는 배달원. 이들은 슬프거나 괴로워도 친절해야 하고, 부당한 상황에도 화를 낼 수 없어 정신건강에 큰 문제가 생기곤 한다.

예전에 라면이 제대로 익지 않았다며 비행기 승무원에게 손찌검한 일명 '라면상무' 폭행사건이 있었다. 모 백화점 지하주차장에서는 50대 여성이 주차요원의 무릎을 꿇게 한 뒤 폭언을 해서 고객의 갑질 논란이 일었다. 이동통신사 고객센터에서 현장실습생으로 일하던 고3 여고생이 고객의 폭언과 상사의 실적 압박이라는 이중고를 견디지 못해 스스로 목숨을 끊기도 했다.

2016년 연세대 한 연구소의 연구 결과에 따르면, 감정노동자는 다른 직업 종사자에 비해 자살 충동을 최대 4.6배 더 느낀다고 한다. 또 감정노동자는 일상적 폭언과 폭행 등으로 심각한 정신적 신체적 질병에 시달리고 낮은 임금과 열악한 근무환경 등으로 이직률이 높다고 했다. 실제로 2013년 서울시 자료에 따르면 콜센터 상담원의 이직률은 68.5%로 전체 노동자 4.5%보다 현저히 높았다. 감정노동자의 스트레스를 줄이려면 개인 차원의 관리도 필요하지만, 그들이 보호받을 수 있는 제도적 장치나 법적 대책이 시급히 마련되어야 한다.

그런데 직종에 상관없이 현대를 살아가는 우리 모두를 감정노동자라고 한다면 지나친 주장일까? 인간은 사회적 동물로 사람과 사람의 관계 속에서 삶을 이어가기 때문에 누구나 '사회적 얼굴' 하나쯤은 갖기 마련이다. 어떤 때는 자신의 진심을 드러내기도 하지만, 또 어떤 때는 본심을 숨긴 채 상황에 맞춰 대처하기도 한다.

물론 감정을 조절하는 것과 감정노동은 여러 가지 면에서 다르다. 일반 직장인의 감정조절은 개인에 달려있지만, 감정노동자의 감정조절은 문서화된 계약에 달려있다.

회사에서 대인관계가 원만하지 못한 직원은 직장생활이 조금 힘들어지겠지만 당장 해고당하지는 않는다. 하지만 콜센터 직원은 계약서에 명시된 친절을 베풀지 않으면 해고 사유가 된다.

또 일반 직장인의 감정조절은 업무에서 부수적인 것으로 취급되지만, 감정노동자는 별도의 교육과 훈련 프로그램을 이수한 후 각종 매뉴얼에 따라 업무를 처리해야 한다. 무엇보다 일반 직장인의 감정조절은 직무평가의 대상이 아니지만, 감정노동자는 항상 감시받고 평가되며 실적에 휘둘린다.

"상사 이름도 모르냐. ×××(욕설)!"

"고객님, 전화 먼저 끊겠습니다."

최근 콜센터 상담원의 '끊을 권리'가 확산되고 있다. 언어폭력, 성희롱 등 고객의 부당한 전화를 상담원이 먼저 끊을 수 있도록 지침을 만든 것이다. 실제로 한 카드회사 콜센터는 월평균 300여 건이던 막말 전화가 60% 이상 줄었다고 한다.

번아웃 신드롬과 재충전

사람은 충전 가능한 배터리가 아니다

공해, 오염, 쓰레기!

이것은 사용할 수 없는 에너지다. 이런 쓸모없는 에너지의 총량을 **엔트로피**(Entropy)라고 부른다. 산업이 발전하고 에너지 소비가 커질수록 엔트로피는 점점 늘어난다. 이를 열역학 제2 법칙, 즉 엔트로피 증가의 법칙이라고 한다.

여기서 먼저 에너지 보존의 법칙이라고도 하는 열역학 제1 법칙을 알아보자. 우주의 에너지 총량은 일정하다는 것이 바로 열역학 제1 법칙이다. 에너지는 결코 창조되거나 파괴될 수 없으며 한 가지 형태에서 다른 형태로 변화할 수 있을 뿐이다.

열역학 제2 법칙은 사용할 수 있는 에너지에서 사용할 수 없는 에너지로, 쓸모 있는 에너지에서 쓸모없는 에너지로, 질서에서 무질서로 바뀌는 것이다. 열역학 제2 법칙은 한 방향으로만 움직인다. 반대로 되돌릴 수 없다.

인간의 생산 활동으로 인해 엔트로피가 증가할수록 지구는 자원이 고갈되고, 환경오염과 쓰레기로 더욱 황폐해진다. 전 세계가 지구온난화, 기후 변화 등으로 생존의 위협을 받고 있다. 그러므로 엔트로피 증가를 막기 위해 노력해야 한다.

"기력이 없고 몸이 약해진 기분이 든다."

"쉽게 화가 나고 짜증이 난다."

"모든 일에 의욕이 생기지 않는다."

"감기, 두통 등의 질환에 만성적으로 시달린다."

"자주 우울하거나 우울하다고 표현하는 것조차 힘들어 할 정도로 에너지가 없다."

번아웃 신드롬(Burnout Syndrome)이란 이런 상황에 처한 사람이 극도의 피로를 호소하며 무기력증, 자기혐오, 직무거부 등에 빠지는 현상을 말한다. 탈진증후군, 소진증후군이라고도 부른다. 엔트로피와 비슷한 개념이다.

번아웃 신드롬은 대체로 목표가 높고 자신의 일에 열정을 쏟아 붓는 적극적 성격의 사람이나 지나치게 적응력이 강한 사람에게서 주로 발견된다. 급변하는 현대 사회에서 나타나는 현대병이라고 할 수 있다.

번아웃 신드롬이 생기는 이유는 중요한 업무나 프로젝트의 완수를 위해서 능력이 뛰어난 인재에게 일이 집중되기 때문이다. 하지만 아무리 뛰어난 직원이라도 일에 파묻히다 보면 체력적, 정신적 한계에 부딪혀 쓰러지고 만다.

연료가 떨어져 멈춘 차는 연료를 주입하면 곧바로 달릴 수 있지만, 번아웃 신드롬에 빠진 사람은 회복하기가 쉽지 않다. 단순히 슬럼프 정도로 생각해서는 곤란하다. 그 일에서 벗어나 충분히 휴식을 취하고 에너지를 보충해야 정상으로 되돌아 올 수 있다.

기업의 입장에서 유능한 직원이 더 이상 업무를 하지 못한다는 것은 매우 안타까운 일이다. 그러므로 미리 신경 쓰고 예방해야 한다. 먼저 능력이 탁월한 직원에게 업무를 맡길 때, 그가 이미 한계를 넘어서지는 않았는지 확인해야 한다. 또 새로운 교육의 기회를 마련하여 에너지를 충전해주고 스트레스를 해소해 주어야 한다. 마지막으로 반드시 재충전의 휴식을 갖도록 권해야 한다.

상사는 부하직원이 번아웃 신드롬에 빠지지 않도록 각별히 주의를 기울여야 한다. 부하직원 또한 번아웃 되지 않도록 스스로 경계하고 조심해야 한다. 사람은 충전 가능한 배터리가 아니기 때문이다.

2

CHAPTER

경쟁에서 이기는 마케팅

마케팅(Marketing)은 마켓(Market, 시장)과 −ing(진행형)이 합쳐진 말이다. 시장은 고정되어 있지 않고 항상 흐른다는 의미다. 따라서 마케팅을 단순히 해석하면 '끊임없이 변화하는 시장에 관한 일'이라고 할 수 있다.

마케팅의 대가인 필립 코틀러(Philip Kotler)는 "마케팅은 목표시장의 욕구를 충족시켜 이익을 올릴 수 있는 방법을 탐구하고 창조하며 전달하는 활동"이라고 정의 내렸다. 현대 경영학의 창시자인 피터 드러커(Peter F. Drucker)는 "경영의 기본 기능은 단 두 가지, 즉 마케팅과 혁신이다. 마케팅과 혁신은 결과를 만들어내지만, 다른 활동은 모두 비용을 만들 뿐"이라고 주장했다.

기업은 혁신을 통해 신제품을 개발하고, 고객에게 알려 구매하도록 마케팅 활동을 해야 한다. 고객이 제품을 구입하지 않으면 기업은 존재할 수 없다. 마케팅 하면 광고나 홍보, 영업, 판촉활동 등을 떠올리는 경우가 많은데, 이는 마케팅을 좁은 의미로 보기 때문이다. 실제로 마케팅은 회사의 모든 업무와 관련 있다. 넓은 의미로 전사적 마케팅이라고 하는 것도 그런 이유에서다.

연구개발, 구매, 생산, 품질, 인사, 재무회계 등은 얼핏 보면 마케팅과 관련이 없는 것처럼 보이지만 실제로는 그렇지 않다. 모든 부서와 직원의 활동은 마케팅과 유기적으로 얽히고설켜 있다. 따라서 기업의 조직 구성원이라면 어느 부서에서 일을 하든 마케팅에 대한 기본 지식과 마인드를 갖춰야 한다.

11

마켓 4.0과 미래 마케팅

지금은 온·오프라인 통합 마케팅 시대

미국 켈로그경영대학원의 석좌교수 필립 코틀러(Philip Kotler)는 1967년 《마케팅 관리론(Marketing Management)》을 출간한 이후 끊임없는 연구 활동을 하여 '마케팅의 아버지'로 불린다.

그는 2010년에 발간한 **《마케팅 3.0(Marketing 3.0)》**에서 지금까지 진화해온 시장(Market)을 3단계로 나눴다. 그는 오늘날 대부분의 기업은 '1.0 시장'에 머물러 있고, 일부는 '2.0 시장'을 이끌어가고 있으며, 극소수만이 '3.0 시장'을 향해 움직이고 있다고 주장했다.

1.0 시장의 기업은 산업화 시대에 공장에서 제품을 만들어 사고 싶은 사람 모두에게 판매하는 것이 주된 관심사였다. 기업의 목표는 제품을 표준화하고 공장의 규모를 키우는 것이었다. 그래야 생산비용을 낮춰 낮은 가격으로 더 많이 팔 수 있기 때문이다. 이처럼 공급

이 부족하고 시장이 성장하는 1.0 시장, 즉 제품 중심의 시대에는 상품을 잘 만드는 것이 마케팅의 핵심이었다.

헨리 포드(Henry Ford)의 모델T형 자동차는 하나의 모델, 하나의 색상을 추구하며 대량생산과 대량소비의 시대를 열었다. 헨리 포드는 "모든 소비자는 똑같은 모양과 똑같은 성능의 자동차를 갖게 될 것이다. 단, 색상만은 소비자가 선택할 수 있다. 검은색이기만 하다면!"이라는 유명한 말을 남긴 바 있다.

2.0 시장은 정보화 시대와 더불어 출현했다. 공급이 넘치는 2.0 시장에서는 새로운 시장과 고객을 창출해야 살아남을 수 있다. 2.0 시장의 소비자는 필요한 정보를 쉽게 얻을 수 있고, 유사한 상품과 비교할 수 있다. 예전과 달리 소비자가 상품의 가치를 정의하게 된 것이다. 그런데 소비자의 선호와 기호는 천차만별이어서 기업은 소비자의 욕구를 만족시키기 위해 치열한 경쟁을 벌인다. 간단히 말해 2.0 시장은 마케팅이 소비자 중심으로 변화한 시장이라 할 수 있다.

예를 들어 GM의 시보레 자동차는 고객의 취향에 맞춰 여러 가지 색상과 다양한 모델을 선보여 GM이 세계 자동차업계 1위로 올라서는데 기여했다. 1984년에 설립한 델컴퓨터는 중간 유통과정 없이 소비자에게 직접 주문을 받아 저렴하게 판매하는 방식을 도입하여 세계 1위의 PC업체가 되었다.

3.0 시장은 가치 주도의 시대다. 3.0 기업은 더 이상 사람을 단순한 소비자로 대하지 않고, 이성과 감성, 영혼을 지닌 인간으로 바라본다. 인간 중심의 마케팅으로 진화한 것이다. 3.0 시장에서는 고객의 욕구나 감성을 충족해주는 것은 물론, 공감과 소통, 참여를 통해 영혼마저 감동시키는 마케팅을 펼쳐야 한다.

애플의 아이폰은 탁월한 기능, 혁신적 디자인, 독특한 서비스 등으로 전 세계인의 마음을 사로잡았다. 구매하기 전의 아이폰은 다른 스마트폰과 큰 차이가 없다. 하지만 아이폰 구매자가 애플 앱스토어에서 자신의 취향에 맞는 앱을 다운로드 받으면 상황은 달라진다. 세상에서 단 하나뿐인 자기만의 맞춤형 기기가 되기 때문이다.

2017년 필립 코틀러 교수는 2명의 공저자와 함께 출간한 후속 저서 **《마케팅 4.0(Market-ing 4.0)》**에서 "4차 산업혁명과 함께 마케팅의 미래는 인간의 가치를 수용하고 반영하는 제품과 서비스, 기업문화를 창출하는데 있다"고 주장했다.

그는 먼저 마케팅에 크게 영향을 미치는 변화를 두 가지로 나눠 강조했다.

하나는 세계의 변화와 트렌드에 영향을 주는 힘의 세 가지 변화를 지적했다. '수직적, 배타적, 개별적'에서 '수평적, 포용적, 사회적'으로 변화가 일어나고 있다는 사실이다.

첫째, 고객이 점점 더 수평적 문화를 지향하고 있다. 일방적 브랜드 광고보다는 친구나 가족, 팬, 팔로워의 의견에 더 의존한다는 것이다.

둘째, 시장이 점점 더 포용적으로 변하고 있다. 소셜 미디어는 지리적, 인구학적 장벽을 허물면서 사람들이 서로 연결되고 소통하고, 기업들이 협업을 통해 혁신할 수 있도록 해준다.

셋째, 고객의 구매 절차가 점점 더 사회적으로 변하고 있다. 고객은 구매 결정을 할 때 자신이 속한 사회적 집단에서 나오는 소리에 더 많이 주목한다는 것이다.

다른 하나는 연결성이다. 필립 코틀러 교수는 "연결성이야말로 마케팅 역사상 가장 놀라운 게임체인저다."라고 말했다.

이제 세계에서 인구가 가장 많은 국가는 중국과 인도가 아니라 페이스북이다. 자그마치 16억 5천만 명의 국민을 전 세계에 두고 있는 나라다. 이제는 사람들이 몰리는 곳이 물리적 공간에만 있는 것이 아니다. 유통업계의 역사를 다시 쓰고 있는 아마존, 음악의 유통방식 자체를 바꿔놓은 애플뮤직, 공유경제의 대표주자 우버와 에어비앤비 등은 기존과 전혀 다른 방식으로 시장을 넓혀가고 있다.

과거에 힘과 권위는 연장자, 남성, 시티즌(시민)의 몫이었다. 그들의 소득 수준과 구매력이 높았기 때문이다. 하지만 이제는 젊은이, 여성, 네티즌의 영향력이 커지고 있다. 커뮤니티, 친구, 가족으로 이뤄진 광범위한 네트워크가 바로 이 영향력의 원천이다.

점점 더 연결되고 점점 더 투명해지는 세상에서 마케터에게 가장 중요한 것은 바로 진정성이다. 소비자에게 진정성 있게 다가가야 한다. 사람들이 진심으로 귀를 기울이는 건 광고가 아니라 커뮤니티나 친구의 평가와 추천이다. 따라서 기업은 메시지의 노출 빈도와 양을 늘릴 게 아니라 고객과 진정한 친구가 되는 방법을 고민해야 한다.

그렇다면 앞으로 4.0 시장에서 전통적 마케팅과 디지털 마케팅은 어떻게 관계를 유지할 것인가? 디지털 마케팅이 전통적 마케팅을 대체하지는 않을 것이다. 브랜드를 인지시키는 단계에서는 전통적 마케팅이 중요한 역할을 담당하겠지만, 디지털 마케팅은 기업과 고객이 더 친밀한 관계를 맺는 데 기여할 것이다.

결국 4.0 시장은 기업과 고객 간에 디지털 마케팅과 전통적 마케팅을 통합한 마케팅 시대를 열어갈 것이다.

12

선도자의 법칙과 선도자

더 좋은 것보다는 맨 처음이 낫다

대부분의 사람이 마케팅의 목표를 잠재고객에게 더 좋은 상품이나 서비스라는 점을 확신시키는 것으로 알고 있다. 하지만 틀린 생각이다. 마케팅에서 가장 중요한 것은 최초로 뛰어들 수 있는 영역을 만드는 일이다. 기존 시장에 더 좋은 제품으로 뛰어들어 알리는 것보다, 사람들의 기억 속에 맨 처음의 상품으로 자리잡는 것이 훨씬 쉽기 때문이다. 이것을 선도자의 법칙이라 한다.

미국의 마케팅 전문가인 알 리스(Al Ries)와 잭 트라우트(Jack Trout)가 그들의 유명한 공저 《마케팅 불변의 법칙(The 22 Immutable Laws of Marketing)》에서 가장 먼저 **선도자의 법칙(The Law of Leadership)**을 강조했다. 세계 최초로 에베레스트 정상을 정복한 사람은 누구인가? 영국의 힐러리 경이다. 그렇다면 두 번째는? 그것은 대답하기 쉽지 않다. 왜냐하면 관심이 없기 때문이다.

그래서 선도적 브랜드가 일반 용어처럼 쓰이는 경우도 많다. 예를 들면 호치키스(Hotchkiss)와 스카치테이프(Scotch Tape)는 스테이플러(Stapler)와 셀로판테이프(Cellophane Tape)보다 더 많이 쓰인다. 심지어 '인터넷을 검색한다'는 말 대신에 '구글(Google)에서 정보를 검색한다'는 의미로 '구글링(Googling)한다'는 말을 동사처럼 사용하기도 한다. 또 문자를 서로 주고받을 때 '카톡(KaTalk)한다'고 얘기하는 경우도 있다. 최초는 그만큼 절대적이다.

그러면 모든 기업이 선도자의 법칙에 따라 최초의 상품으로 새로운 시장을 개척하는 전략을 채택해야 할까? 반드시 그렇지는 않다.

"우리나라 기업이 **빠른 추격자(Fast Follower) 전략**을 버리고 **선도자(First Mover) 전략**으로 가는 것은 맹목적이고 위험한 선택이다. 빠른 추격자와 선도자 사이의 중간으로서 **병행자(Parallel Mover) 전략**을 적절히 구사해야 한다."

이근 서울대 경제학부 교수는 한국은 빠른 추격자 전략과 선도자 전략 사이에서 적절한 균형을 찾아야 한다고 주장한다. 우리나라 기업이 아직 시장이 형성돼 있지 않은 상황에서 맹목적으로 선도자 전략을 취하는 것은 위험하다는 것이다. 실제 여러 사례 연구를 보면 선도자가 최종 승자가 아닌 경우가 많다.

예컨대 애플의 아이팟(iPOD)의 원형은 한국의 벤처기업 디지털캐스트가 세계 최초로 개발한 MP3플레이어였고, 스카이프(Skype)라는 인터넷 전화도 한국의 새롬이 개발한 다이얼패드가 그 시초였다. 소셜 네트워크의 원조 역시 한국의 아이러브스쿨과 싸이월드라 할 수 있다. 이처럼 한국이 먼저 개발한 제품과 서비스는 글로벌 시장을 창출하지 못했고 기술표준을 확립하지도 못했다.

그렇다면 어떻게 미래 성장사업을 찾아야 할까? 현재 우리 기업은 중국 기업의 추격, 엔화 약세를 뒤에 업은 일본 기업의 부활, 글로벌 저성장 기조 지속 등 녹록하지 않은 상황을 맞고 있다. 이런 상황에서 다시 도약하기 위해서는 신성장 동력을 찾기 위한 기술 개발과 연구를 꾸준히 할 수밖에 없다. 기술 개발과 소규모 생산을 지속하다가 관련 시장이 커질 경우, 재빨리 투자해서 결실을 얻는 수순을 밟아야 한다.

과거 디지털 TV 개발 사례가 대표적이다. 한국의 민관 컨소시엄은 1990년대에 디지털 TV를 개발할 때 미국, 유럽, 일본 등 선진국의 표준 논의가 4개 방향으로 갈라지자, 각기 다른 소그룹을 꾸려 병행 개발했다. 그러다 표준이 결정되자마자 이에 맞는 제품을 개발하여 디지털 TV 업계의 선도자가 됐다.

현대자동차가 미래차 전략으로 하이브리드차, 전기차, 수소연료전지차를 병행해서 투자하는 것도 이러한 병행자 전략의 일환이다. 향후 어떤 방향이든 재빨리 대응할 수 있도록 각 분야에서 기술력을 축적하는 데 초점을 맞추고 있는 것이다.

결국 글로벌 저성장 시대에 기존과 다른 제품을 내놓으려면 먼저 연구개발 투자가 선행돼야 한다. 연구개발에 얼마나 투자하느냐에 따라 기업의 미래가 달라질 것이다.

13

프로슈머와 소비자 마케팅

스스로 창조하는 능동적 소비자의 등장

"광동제약이 소비자 프로슈머 그룹인 V-슈머 12기를 모집합니다."
"자연주의 이니스프리가 제9기 그린 프로슈머를 모집합니다."
"LG하우시스 프로슈머 지엔느 11기를 모집합니다."

요즘에는 기업의 프로슈머 모집 광고를 쉽게 찾아볼 수 있다. 이제는 단순히 기업 활동에 참가하는 소비자를 모집하는 것을 넘어 프로슈머를 모집하는 것이 일반화됐다.

프로슈머(Prosumer)는 '프로듀서(Producer, 생산자)'와 컨슈머(Consumer, 소비자)'의 합성어로, 생산에 참여하는 소비자, 즉 생산적 소비자를 의미한다. 이 말은 1980년 미래학자 앨빈 토플러(Alvin Toffler)가 그의 저서 《제3의 물결》에서 21세기에는 생산자와 소비자의 경계가 허물어질 것이라 예견하면서 처음 사용했다.

프로슈머는 소비는 물론 제품 생산과 판매에도 직접 관여하여 해당 제품의 생산 단계부터 유통에 이르기까지 소비자의 권리를 행사한다. 프로슈머는 시장에 나온 물건을 선택하여 소비하는 수동적 소비자가 아니라, 자신의 취향에 맞는 물건을 스스로 창조하는 능동적 소비자에 가깝다.

프로슈머 마케팅은 소비자가 직접 상품 개발 과정에 참여하여 아이디어를 제안하면 기업이 이를 수용해 신제품을 개발하는 것으로 고객 만족을 극대화시키는 마케팅 기법이다.

프로슈머에는 여러 가지 유형이 있다.

첫째, 신제품 개발 참가형이다. 기업과 가장 밀접한 관계를 유지하는 프로슈머 유형이라 할 수 있다. 이들은 주로 기업에 고용되거나 동아리 등 특정 집단에 소속되어 기업의 제품 개발에 소비자 의견을 제공하거나 모니터링 활동을 한다. 이를 통해 기업은 저비용으로 고객의 요구를 반영하고 고객 만족도를 높일 수 있다.

둘째, 정보 공유형이다. 온라인을 통해 제품을 평가하거나 상세한 제품 정보를 제공하는 무보수 인력으로, 주로 일반 소비자가 이에 해당한다. 가장 왕성하게 활동하는 프로슈머 계층으로 주로 인터넷 공간에서 활동하며, 기업의 지원 없이 스스로 정보를 공유하고 활동한다. 인터넷 쇼핑몰에서 구입한 상품에 대한 구매후기를 올리는 것도 일종의 프로슈머 활동이라 할 수 있다.

셋째, DIY형이다. 스스로 제품을 생산 · 유통 · 소비하는 계층으로 자급자족 형태의 프로슈머다. 이들은 주택을 보수하거나 아토피 같은 병을 자가진료하기도 하고 컴퓨터, 오디오, 가구 등 내구소비재의 DIY 분야까지 범위를 확장한다.

그러면 왜 기업들이 프로슈머 마케팅을 적극적으로 추진할까? 크게 네 가지 효과를 기대하기 때문이다.

첫째, 고객만족도 증대 효과다. 소비자가 제품 개발에 참여하면 고객의 요구사항을 그대로 적용할 수 있어 고객만족도가 높아진다.

둘째, 비용 절감 효과다. 고객의 자발적인 참여를 이끌어내어 시장조사 비용을 줄일 수 있다.

셋째, 고객 선점 효과다. 신제품 개발에 참여한 소비자는 제품충성도가 높아져 단골고객층이 된다.

넷째, 제품 결함이나 안전성 등을 사전에 검증하는 효과가 있다.

한편 프로슈머에서 한 단계 발전한 **'크리슈머(Cresumer)'**가 있다. 크리슈머는 창조를 뜻하는 크리에이티브(Creative)와 소비자를 뜻하는 컨슈머를 조합한 신조어다. 자신만의 개성과 창의력을 담아 새로운 가치를 만들어내는 창조적 소비자를 일컫는다.

이들은 공동구매를 통해서 특별한 제품을 더 저렴하게 사기도 하고, 자신이 직접 제작한 제품을 공동구매 형태로 판매하기도 한다. 또 가죽공예, 액세서리, 수제가구 등 자신의 취미를 살려 개인 공방을 열기도 한다. 다시 말해 DIY형의 프로슈머에서 발전된 형태를 크리슈머라 할 수 있다.

이와 비슷하면서도 다른 **모디슈머(Modisumer)**도 있다. 모디파이(Modify, 수정하다)와 컨슈머를 합성한 말이다. 제품의 표준사용법보다 나은 자신만의 방식으로 재창조해 내는 소비자를 의미한다. 짜파게티와 너구리를 섞어서 조리하여 일명 '짜파구리'라는 새로운 조리법을 만들어내는 것이 이에 해당한다.

이 외에 **메타슈머(Metasumer)**라는 말도 있다. 자동차 튜닝처럼 기존 제품을 자신의 개성과 취향에 맞게 변형시켜 사용하는 소비자를 말한다. '~을 뛰어넘는'이라는 뜻의 메타(Meta)와 컨슈머의 합성어다. 이들은 좀 더 새롭고 남다른 제품을 선호하는 경향이 크고, 개성을 표현하려는 욕구가 강하다. 의류와 신발, 액세서리 등 각종 패션제품과 휴대폰, PC, 오토바이, 자동차 등 내구성 제품을 자신이 원하는 대로 바꾸고 업그레이드시켜 자신만의 독특한 소유물을 만들어낸다.

앞으로도 새로운 형태의 소비자가 계속 등장할 것이다. 이에 따라 기업의 마케팅 활동도 다양하게 변화해야 한다.

14

네트워크 효과와 소비 심리

당신의 소비 성향? 친구 따라 강남 간다

1990년대 초 우리나라에 처음 선보였던 휴대폰은 크고 무거운 고가의 사치품이었다. 그 모습이 마치 벽돌처럼 생겼다고 해서 벽돌폰이라고도 불렀다. 당시의 휴대폰은 단순히 이동하면서 통화하는 기능밖에 없었다. 그럼에도 소수의 사람만이 가질 수 있어 부의 상징처럼 여겨졌다.

이제는 대부분의 사람이 휴대폰을 가지고 있다. 그리고 단순 통화 기능을 넘어서 트위터나 카카오톡 같은 SNS를 활발히 이용하고 있다. 이는 인터넷이 가능한 스마트폰이 대중화되면서 가능해졌다. 또한 휴대폰으로 인터넷을 이용하는 사람이 늘어나자 스마트폰 관련 시장도 점점 더 커지고 있다.

이처럼 어떤 상품의 소비 성향이 다른 사람의 소비에 영향을 주는 것을 **네트워크 효과**(Network Effect)라고 한다. 이는 상품이나 '서비스의 품질'보다는 '얼마나 많은 사람이 사용하고 있느냐'가 더 중요하다는 것을 뜻한다.

네트워크 효과는 1950년 미국의 경제학자 하비 라이벤스타인(Harvey Leibenstein) 교수가 처음 발표한 경제이론인데, 밴드왜건 효과와 스놉 효과로 나누어 볼 수 있다.

밴드왜건 효과(Bandwagon Effect)는 서부개척 시대의 역마차 밴드왜건에서 유래한 말이다. 긴 행렬을 이끄는 악대차인 밴드왜건이 연주하면서 지나가면 많은 사람이 무작정 뒤따르면서 군중이 불어나는 것에 비유하여 붙여진 이름이다. 쉽게 말해 '남이 하니까 나도 한다'는 식의 의사결정을 내리는 현상을 말한다. '친구 따라 강남 간다'는 우리 속담과도 뜻이 비슷하다. 밴드왜건 효과는 편승 효과 혹은 쏠림 현상이라고도 한다.

마케팅 분야에서는 소비자가 현재 유행하고 있는 트렌드를 좇아서 소비하는 모방 소비를 일컫는 말로 쓰인다. 기업에서는 이를 소비자의 충동구매를 일으키는 데 자주 활용하고 있다.

인기 아이돌 그룹의 공항 패션이 인터넷에 노출되자마자 그들이 착용한 옷과 액세서리가 갑자기 인기 상품이 되거나, TV 드라마의 여주인공이 들었던 핸드백이 하루 만에 매진이 되는 경우가 대표적인 경우다. 일반소비재뿐 아니라 갑자기 뜨는 주식에 대해 묻지마 투자를 한다거나, 어느 지역에 갑자기 부동산 투기 열풍이 불면 너도나도 동참하는 것 또한 밴드왜건 효과의 일종이라고 볼 수 있다.

이와 비슷한 소비 심리현상으로 **파노플리 효과**(Panoplie Effect)가 있다. 이는 누군가가 특정 상품을 소비함으로써 자신도 특정 계층에 속한다는 사실을 과시하는 현상을 말한다. 어린 아이가 장난감 경찰관 놀이세트를 갖고 놀면서 마치 자신이 경찰관이 된 것 같은 기분을 느끼는 것과 비슷하다.

원래 파노플리는 세트(Set)란 뜻의 프랑스어로 '같은 의미를 지닌 상품 모음'을 가리킨다. 프랑스의 사회철학자 장 보드리야르(Jean Baudrillard)가 처음 이 용어를 사용하였다. 그 후에 스타벅스 커피가 세계적 히트를 치기 시작하자 사회심리학자들이 그 원인을 밝히면서 파노플리 효과라는 용어를 썼다. 한때 4,000원짜리 된장찌개를 점심으로 먹고 5,000원짜리 스타벅스 커피를 먹는 여자를 일컫던 된장녀는 이런 심리현상을 반영한 속어다.

밴드왜건 효과와 반대로 **스놉 효과**(Snob Effect)란 자신은 다른 사람과 다르다는 것을 보여주기 위해 대중이 소비하는 상품 구매를 일부러 기피하는 현상을 말한다. 스놉(Snob)은 '속물'이라는 뜻인데, 대중이 쉽게 살 수 없는 고가의 상품을 구입하여 과시하는 경우가 있기 때문에 이런 이름이 붙은 것이다. 그래서 스놉 효과를 **속물 효과**라고 부르기도 한다. 또 고가품이나 사치품을 구매할 때 자신은 남과 다르다는 생각을 갖는 것이 마치 고고한 백로 같다고 하여 **백로 효과**라고도 한다.

해외 유명 브랜드의 명품 핸드백의 판매가격이 올라갈수록 소장 가치가 더욱 커져 오히려 판매가 늘어가는 소비 현상이 스놉 효과의 대표적 예다. 경기가 불황일 때도 명품시장은 침체되지 않는 진짜 이유가 바로 여기에 있다. 한번은 정부에서 내수 경기 진작을 위해 고가의 가방, 시계, 보석 등에 물리는 특별소비세를 낮춘 적이 있다. 그런데 해외 명품 브랜드가 오히려 가격을 올리는 바람에 명품 업체의 배만 불린다는 비난을 받고 특소세 인하는 없던 일이 되었다.

한마디로 정리하자면 밴드왜건 효과는 일반 대중의 모방 소비현상을 일컫는 반면, 스놉 효과는 과시적 소비 심리현상을 말한다.

80/20 법칙과 VIP 마케팅

20%만 일하고 80%는 일하지 않는다

"어느 날 파레토는 개미들을 뚫어지게 쳐다보다가 20%의 개미가 나머지 80%의 개미를 먹여 살린다는 걸 알게 됐다. 이 현상을 궁금하게 생각한 그는 실험 삼아 20%의 개미를 분리하여 다른 곳으로 옮겼더니 그 무리에서도 20%만 일하고 80%는 일을 하지 않는다는 사실을 발견했다."

80/20 법칙을 우연히 발견하게 된 과정이 참 재미있다. 이탈리아 경제학자 빌프레도 파레토(Vilfredo Pareto)는 1897년에 발표한 연구결과에서 '20%의 이탈리아 국민이 국부의 80%를 차지한다'고 밝혔다. 그의 이름을 따서 만든 **파레토 법칙**(Pareto's Law)은 80/20 법칙으로 더 많이 알려져 있다. (미국의 경영컨설턴트인 리처드 코치(Richard Koch)는 1998년에 출간한 그의 저서 《80/20 법칙(The 80/20 Rule)》에서 80/20 법

칙을 경영 원리에 적용하였다.)

이렇게 우연찮게 발견된 80/20 법칙은 자본주의 사회의 경제원리에 충실한 이론이 되었다. 그 후 경제뿐 아니라 사회현상이나 경영분야에서도 보편적 법칙으로 응용되고 있다.

20%의 사람이 전체 부의 80%를 차지한다.
20%의 상품이 전체 매출의 80%를 차지한다.
20%의 고객이 전체 매출의 80%를 차지한다.
20%의 고객이 은행 예금의 80%를 예치한다.
20%의 인재가 기업 전체실적의 80%에 기여한다.

우리나라에서도 80/20 법칙을 마케팅에 적용하면서 백화점 등 유통업체는 상위 20%의 고객을 대상으로 **VIP(Very Important Person) 마케팅**을 활발하게 전개하고 있다.

실제로 2016년 롯데백화점 고객 가운데 매출 순위 상위 20%의 매출 비중은 76.1%였다. 현대백화점의 경우에는 상위 20%의 매출 비중이 2015년 78.7%에서 2016년 79.9%로 1.2% 커졌다.

내 옷의 20%가 평소 즐겨 입는 옷의 80%를 차지한다.
1년 동안 통화한 사람 중 20%와의 통화시간이 80%를 차지한다.
내가 받은 우편물의 20%가 80%의 만족감을 준다.

우리의 일상생활에 적용되는 80/20 법칙이다. 개인마다 차이는 있겠지만, 대체로 비슷한 경향을 보일 것이다.

직장인이 회사에서 실제 성과를 내는 근무시간은 하루 중 일부에 불과하다. 나머지 시간은 데이터와 정보를 수집하거나, 회의에 참석하거나, 문제 해결을 위한 고민을 하거나, 동료와 커피 한잔 하면서 잡담을 하는 데 사용한다. 이처럼 샐러리맨의 근무시간도 80/20 법칙으로 설명할 수 있다. 따라서 하루 근무시간 중 집중적으로 몰입하는 시간을 정하여 일하는 것이 효과적이며, 몰입 시간을 조금씩 늘려간다면 더 많은 실적과 성과를 올릴 수 있을 것이다.

베블런 효과와 VVIP 마케팅

과시적 소비는 인간의 본능? 비쌀수록 잘 팔린다

"에르메스 6일부터 제품 가격 1~6% 올려"

"샤넬, 화장품 가격 1일부터 인상"

"지난해 말 루이뷔통 일부 제품 가격 7% 인상"

2017년 새해부터 해외 명품 브랜드가 줄줄이 가격을 올린다는 소식이다. 명품 브랜드는 해마다 연초에 가격 인상을 단행한다. 경기가 호황이든 불황이든 상관없다. 경제 상식이 통하지 않는다.

미국의 사회학자이자 평론가인 소스타인 베블런(Thorstein Veblen)은 1899년 출간한 《유한계급론(The Theory of the Leisure Class)》에서 "유한계급, 즉 상류계층의 소비는 사회적 지위를 과시하기 위해 자각없이 행해진다"고 주장하면서 "과시적 소비는 인간의 본능"이라고 강조했다.

베블런이 살았던 19세기말 당시에는 노동으로 부를 축적한 사람이 선망의 대상이 아니었다. 오히려 한 방울의 땀도 흘리지 않고 큰 재산을 얻은 사람이 선망과 존경의 대상이었다. 이들이 바로 상속으로 최고의 부유층이 된 유한계급(Leisure Class)이다. 이들은 초호화 주택에서 살면서 생산을 위한 노동을 하지 않고 자신의 우월한 사회적 신분을 상기시킬 수 있는 무도회나 음악회 같은 과시용 행사를 즐기는 것이 일상이었다.

이들은 생활의 욕구를 충족하기 위해서가 아니라 자신의 부를 만인의 눈앞에서 입증하는 수단으로 소비를 선택한다. 따라서 이들에게는 '가치가 가격을 결정하는 것이 아니라 가격이 가치를 결정한다.' 그래서 값이 비쌀수록 수요도 늘어난다. 이러한 현상을 일컬어 **베블런 효과**(Veblen Effect)라고 한다.

VVIP(Very Very Important Person) 마케팅은 베블런 효과를 근거로 하는 마케팅 활동이다. 80/20의 법칙을 근거로 백화점이 상위 20%의 고객에게 VIP 마케팅을 전개하는 것과는 조금 다르다. VVIP 마케팅은 여기에서 한걸음 더 나아가 상위 20%의 고객 중에서도 1%에 해당하는 VVIP를 잡기 위한 마케팅이다.

2016년 롯데백화점의 매출 상위 1%에 속하는 최상위 고객인 MVG(Most Valuable Guest)의 매출은 전체 매출 중 22.8%를 기록했다. 현대백화점도 상위 1%의 VVIP 고객 매출이 증가하면서 전체 매출의 23.1%를 차지했다. 신세계백화점은 상위 3% 고객의 매출이 전체 매출의 40%를 웃돌았다.

VVIP 고객은 소비 침체의 영향을 전혀 받지 않고 지속적인 소비 성향을 보이기 때문에 백화점 업계는 최상위 고객을 위한 파격적 VVIP 마케팅을 벌인다. 백화점의 영업시간이 종료된 후에 소수의 VVIP만을 초청하여 그들만을 위한 전용 쇼핑서비스를 정기적으로 제공하거나, 단 한 명의 고객을 위해 화려한 패션쇼를 열어 하룻밤 사이에 수억 원어치의 고가 의상을 판매하기도 한다.

세계 3대 명품차 중에서도 제일 비싸다는 마이바흐 자동차는 수억 원이 넘는 초고가에도 불구하고 VVIP에게는 신분 과시용으로 인기가 좋다.

최상위층 VVIP 고객을 대상으로 하는 귀족시장은 경기에 상관없이 늘 호황을 누린다. 혹자는 이들의 엄청난 소비성향 때문에 물질문명과 문화의 수준이 높아지는 긍정적 면이 있다고 한다. 앞으로도 VVIP 마케팅은 점점 더 진화할 것이다.

17

스탕달 신드롬과 명품 마케팅

불후의 명작에 감동하듯 명품에 빠지다

"아름다움의 절정에 빠져 있다가……, 나는 천상의 희열을 느끼는 경지에 도달했다. 모든 것이 살아 일어나듯이 내 영혼에 말을 건넸다."

1817년 《적과 흑》의 프랑스 작가 스탕달(Stendhal)은 이탈리아 피렌체의 산타크로체 성당에 갔다가 14세기 화가 지오토 본도네(Giotto Bondone)의 유명한 프레스코화를 보는 순간, 숨이 가빠지고 무릎에 힘이 빠져 주저앉는 특별한 경험을 했다고 자신의 일기에 이렇게 기록했다. 그 후 피렌체를 방문한 수많은 관광객이 이와 유사한 증상에 집단적으로 시달린다는 조사 결과가 나왔다.

이탈리아의 심리학자 그라지엘라 마제리니(Graziella Magherini)는 자신의 책 《스탕달 신드롬》에서 이러한 증상을 **스탕달 신드롬**

(Stendhal Syndrome)이라고 명명하였다. 이 현상이 심할 경우에는 의기소침, 피해망상, 자아상실, 정서혼란 등을 겪는다고 한다.

스탕달 신드롬은 세계적 유명 예술품이나 고미술품들이 경매시장에서 상상을 초월하는 높은 가격으로 낙찰되는 현상을 설명해주기도 한다. 단순히 투자가치뿐 아니라 아름다운 작품을 소유하고픈 인간의 욕망을 나타내기 때문이다.

이 신드롬은 예술품에만 나타나는 것이 아니다. 어떤 여성은 평소 로망이던 해외 유명 브랜드의 명품 가방을 보고 온몸을 떨기도 한다. 어떤 남성은 꿈에서나 그리던 멋있는 슈퍼카를 보고 심장이 뛰고 흥분 상태에 빠지기도 한다.

이러한 심리현상을 활용한 것이 바로 **명품 마케팅**이다. 이 세상에 단 몇 개밖에 없는 유명 디자이너의 핸드백을 한정 판매하거나, 다이아몬드가 줄줄이 박힌 수억 원대의 시계를 만들거나, SF영화에서나 봄직한 콘셉트카를 자동차 쇼에 전시하는 목적은 모두 다 고객의 마음속에 명품 이미지를 확실히 심어두기 위함이다.

명품 마케팅의 효과를 극대화하기 위해 예술의 특성에 마케팅을 접목하여 브랜드나 제품의 실질적 가치를 높이는 **아트(Art) 마케팅**을 전개하기도 한다. 루이비통은 2001년 그래피티 아티스트인 스티븐 스프라우스(Stephen Sprouse), 2005년 팝아트 작가인 무라카미 다카시, 2012년 설치미술가인 쿠사마 야요이 등 세계적 아티스트들과 상품기획 단계부터 공동작업을 함으로써 명품 브랜드로서 차별성을 부각시켰다.

아트 마케팅을 첨단 IT제품에 적용한 **데카르트(Techart) 마케팅**도 흥미롭다. 데카르트(Techart)는 기술을 뜻하는 테크(Tech)와 예술을 뜻하는 아트(Art)의 합성어로 정확한 발음은 '테카르트'다. 그러나 프랑스의 철학자이자 수학자인 데카르트(Descartes)와 발음이 비슷해 '데카르트'라고 부른다.

유명 디자이너 앙드레 김이 삼성전자의 가전제품 디자인 작업에 처음부터 참여하여 앙드레 김 컬렉션을 출시한 것이나 LG전자가 명품브랜드 프라다와 손잡고 프라다폰을 만든 것이 대표적 사례다.

18

립스틱 효과와 불경기 마케팅

불경기에 립스틱이 잘 팔린다고?

경기가 불황일 때는 립스틱이 잘 팔린다는 속설이 있다. 그러나 **립스틱 효과**(Lipstick Effect)는 속설이 아니라 1930년대 미국의 대공황 때 만들어진 경제학 용어다.

립스틱 효과는 경기가 불황일 때 소비자를 만족시켜줄 수 있는 저렴한 제품이 잘 팔리는 현상을 일컫는다. 특히 여성들이 비싼 옷이나 핸드백 대신에 상대적으로 가격이 싼 화려한 색상의 립스틱만으로도 만족을 느끼며 쇼핑을 알뜰하게 하는 데서 유래했다.

실제로 미국은 2001년 9.11 테러, 2008년 세계 금융위기 이후에 립스틱 판매량이 급증했다. 우리나라도 2008년 전 세계적 경기 침체의 여파로 경기가 불황일 때, 백화점의 립스틱 매출이 20~30%나 증가한 적이 있다. 요컨대 불경기에 대부분의 여성 제품은 매출이 감소하는 반면, 립스틱 같은 미용 상품은 오히려 판매가 늘어나는 경향이 나타난다. 아무래도 주머니 사정이 좋지 않다 보니 비교적 적은 돈을 쓰면서도 심리적 만족을 주는 립스틱을 더 구매하여 벌어지는 현상이다.

경기가 어려워지면 립스틱뿐 아니라 미니스커트의 길이가 더 짧아진다고 하여 립스틱 효과를 **미니스커트 효과**(Mini Skirt Effect)라고도 한다. 이에 대해 근거가 있다 없다 서로 상반된 주장을 하기도 하지만, 경제 속설은 본래 인간의 소비 심리를 드러내는 말이기 때문에 아주 근거가 없다고 할 수는 없다.

이러한 불경기의 소비 성향은 남성도 예외가 아니다. 남자들은 비싼 양복을 사는 대신 넥타이를 사서 매일 바꿔 맴으로써 여러 양복을 입는 것 같은 효과를 내기도 한다. 이렇게 불경기에 넥타이 판매가 늘어나는 현상을 두고 **넥타이 효과**(Necktie Effect)라고 부른다.

저성장 시대에 접어든 요즘에는 립스틱 효과와 넥타이 효과가 일시적 현상이 아닌 새로운 소비 트렌드가 되고 있다. 하우스 푸어, 렌트 푸어 등 푸어(Poor) 세대가 내 집 마련이나 고가의 내구재를 향한 욕구보다 일상에서 나만을 위한 작은 사치 영역을 늘려 소비 욕구를 해소하는 것이다. 예를 들어 유명 초콜릿이나 마카롱 같은 고급 디저트를 즐기거나, 소문난 맛집을 순례하거나, 쁘띠 성형을 하거나, 취미 생활을 위해 최신 DSLR 카메라를 구입하는 등 일상 속에서 먹고, 꾸미고, 즐김으로써 스스로에게 만족감을 준다.

기업의 마케팅 전략은 보통 경기가 호황일 때와 불황일 때로 나뉘어 수립된다. 일반적으로 호황기에는 고가의 상품을 개발하여 매출을 더욱 늘리려고 하고, 불경기에는 소비를 촉진하기 위해 다양한 상품을 개발하거나 저가 또는 초저가 전략을 구사한다. 그러나 최근에는 경기에 상관없이 두 가지 전략을 모두 구사해야 될 필요성이 커지고 있다. 우리나라 경제가 이미 저성장 시대에 접어들었고 양극화 현상이 점점 더 심해지기 때문이다.

19

푸시 마케팅과 풀 마케팅

마케팅에도 '밀당'이 필요하다

마케팅에서 프로모션을 위한 수단은 광고, 홍보, 판촉, 인적 판매 등 다양하다. 프로모션 마케팅은 상품이나 고객 특성에 따라서 달라지는데 크게 푸시 마케팅과 풀 마케팅으로 나뉜다.

푸시(Push) 마케팅은 주로 제조업체가 도매, 소매 등 유통업체를 대상으로 판촉활동을 하거나 판매사원을 통해 프로모션을 전개하는 것을 말한다. 일상에서 자주 사용하는 생활용품 등을 대량생산해서 대량공급 함으로써 고객에게 브랜드를 각인시키는 효과를 기대하는 전략이다. 소비자에게 익숙한 상품이나 브랜드를 만들기 위해 어디를 가도 상품이 진열되도록 밀어낸다는 의미다.

설탕이나 식용유 등 생활필수품은 브랜드 의존도가 낮은 편이다. 특정 상품을 꼭 사겠다고 마음먹고 쇼핑하기보다는 행사상품이나 눈에 잘 띄게 진열된 상품을 즉흥적으로 구매하는 경우가 많다. 이때 구매 결정에 가장 큰 영향을 미치는 것은 진열 위치나 수량, 판매사원의 권유 등이다.

보험은 전통적으로 푸시 마케팅의 시장이다. TV 광고보다 보험설계사가 고객을 방문하여 상품을 권유하는 마케팅 활동이 아직까지 더 효율적이다. 실제로 TV 광고를 통한 보험판매보다 영업사원을 통한 대면판매가 훨씬 많다.

풀(Pull) **마케팅**은 푸시 마케팅과 정반대로 최종구매자를 대상으로 직접 프로모션을 전개하는 마케팅 활동이다. 광고나 홍보, PR 등이 대표적 사례이고 무료 샘플 증정, 경품 제공, 체험단 · 평가단 모집 등도 이에 포함된다.

풀 마케팅은 자동차, 가전제품 같은 브랜드 로열티가 높은 제품에 주로 사용한다. 매장에 오기 전에 이미 해당 브랜드에 대한 구매결정을 하기 때문에 고객에게 직접 프로모션 활동을 하는 것이다. 따라서 광고나 홍보, PR을 통해 브랜드를 계속 알려야 한다.

백화점이나 대형마트의 식품코너에서는 신상품에 대한 무료 시식행사를 하거나, 무료 경품을 나눠주는 이벤트가 1년 내내 끊임없이 이어지고 있다. 또 새로운 전자제품을 소비자가 직접 사용해볼 수 있도록 체험공간을 마련한다거나 평가단을 모집하는 등 신제품 출시 마케팅을 대대적으로 벌인다.

결국 푸시 마케팅과 풀 마케팅의 차이는 상품이나 서비스에 대한 선택권을 어느 쪽이 제시하는가에 달려있다. 푸시 마케팅은 기업이 브랜드나 상품을 알리기 위해 고객을 향해 일방적으로 밀어내는 것이고, 풀 마케팅은 고객이 상품을 자발적으로 선택할 수 있도록 마케팅 과정에 고객을 깊숙하게 끌어들이는 것이다.

요즘에는 기업이 신상품 프로모션을 진행할 때 푸시 마케팅과 풀 마케팅의 어느 한 쪽만을 사용하는 경우는 드물고 일반적으로 두 가지를 병행한다. 푸시 마케팅의 적극적 생산방식을 채택하되 과도한 생산은 자제하면서, 풀 마케팅의 광고와 판촉활동을 동시에 전개하는 것이다.

20

에펠탑 효과와 광고 효과

자주 보는 것만으로도 친근해진다

1889년 프랑스 대혁명 100주년을 기념하기 위해 에펠탑을 세우려고 했을 때, 파리의 예술가와 시민들은 결사적으로 반대했다. 무게 7천 톤, 높이 320미터나 되는 거대한 철골구조물이 고풍스러운 파리의 분위기를 망친다는 이유 때문이었다. 하는 수 없이 프랑스 정부는 20년 후 철거하기로 약속하고 건설을 진행했다. 그런데 공사하는 동안 매일 거대한 철탑을 보게 된 파리 시민들은 점차 에펠탑에 친근감을 갖게 되었다. 결국 에펠탑은 1909년 해체될 위기를 넘기고 현재는 프랑스를 대표하는 건축물이자 세계적 상징물로 사랑 받고 있다.

에펠탑 효과(Eiffel Tower Effect)는 여기에서 유래했다. 이는 에펠탑처럼 단지 자주 보는 것만으로도 호감도가 상승되는 현상을 말하며, **단순 노출 효과**(Mere Exposure Effect)라고도 불린다.

에펠탑 효과는 광고와 홍보분야에서 가장 많이 이용되고 있다. 상품 또는 브랜드를 반복적으로 노출시킴으로써 인지도를 올리고 긍정적 이미지를 갖는다. 광고와 홍보 전략은 대개 노출 횟수와 비용에 따라 달라진다. 소나기가 메마른 대지를 흠뻑 적시는 것처럼 많은 비용을 투자하여 집중적으로 노출시키는 방식은 주로 광고 전략에 많이 이용된다. 반면 가랑비에 옷이 젖듯이 상대적으로 적은 비용을 들여 주기적으로 노출시키는 방법은 홍보, PR 등에 많이 이용된다.

이 외에도 에펠탑 효과를 노리고 시행하는 마케팅 기법도 있다. **PPL(Product Placement) 마케팅**이란 영화, 드라마 등에 상품을 등장시켜 간접적으로 광고하는 마케팅 기법의 하나다. 제작 협찬(Sponsorship)의 대가로 상품이나 로고를 노출시키는 것이다. 브랜드명이나 상품 자체뿐 아니라 협찬업체의 이미지나 명칭, 특정 장소 등을 노출시켜 소비자에게 무의식중에 홍보하기 때문에 끼워넣기 마케팅, 즉 **임베디드(Embedded) 마케팅**이라고도 한다. 흥행에 성공한 영화나 시청률 높은 드라마에서 나왔던 PPL 상품이 히트 상품이 되는 경우가 많다.

앰부시(Ambush) 마케팅은 교묘히 규제를 피해 가는 마케팅 기법이다. 앰부시는 '매복'을 뜻하는 말로 매복 마케팅이라고도 한다. 올림픽 같은 대형 스포츠 행사에서 공식 후원사가 아니면서도 TV 광고나 개별선수 후원을 활용해 공식 스폰서인 듯한 인상을 줘 홍보 효과를 극대화하는 전략이다.

앰부시 마케팅은 스폰서십 제도가 도입된 1984년 미국 LA 올림픽

때부터 시작되었다. 당시 후지필름이 올림픽 공식스폰서였으나, 코닥이 올림픽 방송중계사인 ABC방송과 스폰서십을 체결하고 미국 육상 팀의 후원사로 참여하여 적은 비용으로 더 높은 인지도와 매체 노출 효과를 얻었다. 코닥은 다음 올림픽인 1988년 서울 올림픽에서는 1호 공식 스폰서가 되는 영리함을 보이기까지 했다. 2002년 한일 월드컵 당시에는 공식 후원사인 KT를 제치고 SKT가 'Be the Reds'라는 구호가 적힌 붉은 티셔츠를 만들고 붉은 악마를 후원하는 앰부시 마케팅으로 큰 광고 효과를 봤다.

앰부시 마케팅은 공식 후원사 입장에서는 골치 아픈 현상이다. 엄청난 후원금을 냈는데 광고 효과가 떨어지기 때문이다. 갈수록 강력한 규제를 시행하고 있지만, 앰부시 마케팅은 더욱 교묘해지고 있다.

광고 홍수 속에서 살아가는 현대인의 관심과 시선을 붙잡는 일은 점점 더 힘들어지고 있다. 급격하게 늘어나는 광고비용은 기업에게 큰 부담으로 작용하여 기업경쟁력을 결정하는 요인이 되고 있다. 비용대비 효과가 큰 광고 전략을 고민해야 할 때다.

21

퍼플 카우와 바이럴 마케팅

독특함은 바이러스처럼 빨리 퍼진다

"프랑스로 여행 갔을 때의 일이다. 자동차로 고속도로를 달리는데 갑자기 동화에나 나옴직한 광경이 눈앞에 펼쳐졌다. 수많은 소 떼가 넓은 초원에서 풀을 뜯고 있었다. '와! 정말 멋있다.'는 감탄사를 연발했다. 그런데 수십 킬로를 달리자 똑같은 소들이 평범해 보였다. 아니, 오히려 지루하게 느껴졌다. 그때 재미있는 상상을 해보았다. 만일 보랏빛 소가 있다면 얼마나 놀라울까?"

미국의 마케팅 전문가 세스 고딘(Seth Godin)은 그의 저서 《보랏빛 소가 온다(Purple Cow)》에서 마케팅 전략을 세울 때, 4P(Product, Price, Place, Promotion)만으로는 부족하고 새로운 P가 필요하다며 **퍼플 카우(Purple Cow, 보랏빛 소)**를 제시했다.

퍼플 카우의 핵심은 리마커블(Remarkable)해야 한다는 것이다. 리마커블은 주목할 만한 가치가 있고, 예외적이고, 새롭고, 흥미진진하다는 의미다. 한마디로 보랏빛 소다. 따분하고 지루한 것들은 눈에 잘 보이지 않는다. 그건 누런 소와 같다.

만일 당신이 여행 중에 보랏빛 소를 보았다면 사진을 찍어 SNS에 올리고 친구나 직장 동료들에게 신기한 듯 자랑할 것이다. 마찬가지로 당신의 회사가 리마커블한 제품을 만들어낸다면 사람들은 그것에 대해 이야기하고, 입소문이 빠른 속도로 퍼져나갈 것이다. 리마커블한 것은 눈에 확 들어오기 때문에 고객이 그것에 대해 이야기하고 싶은 욕구를 불러일으킨다.

과거에는 입소문이 마케팅의 주요 수단이었지만, TV 등 매스미디어가 발전하면서 광고가 가장 강력한 마케팅 방법으로 등장했다. 하지만 이제는 소셜 네트워크 서비스(SNS, Social Network Service)의 급속한 발달로 바이럴 마케팅이 다시 주목 받고 있다.

바이럴 마케팅(Viral Marketing)은 기업이 직접 홍보하지 않고 네티즌들이 페이스북, 카카오톡 같은 SNS나 이메일, 블로그, 카페 등을 통해 자발적으로 입에서 입으로 전하는 새로운 인터넷 마케팅 기법이다. 만일 어떤 상품이나 브랜드, 아이디어가 리마커블하다면 눈 깜짝할 사이에 확산될 것이다. 바이럴(Viral)은 바이러스(Virus)와 입(Oral)의 합성어로, 컴퓨터 바이러스가 급속히 전염되듯이 사람들의 입소문을 타고 빠르게 퍼진다는 의미다.

바이럴 마케팅은 기존의 매체 광고와 마찬가지로 1 대 다수의 특징이 있다. 하지만 일방적 노출이 아닌 소비자의 선택에 의해 자발적으로 노출된다는 점에서 차별성이 있다. 특히 블로그의 스크랩 기능이나 각종 SNS를 통해 실시간으로 빠르게 확산된다는 점에서 키워드 광고나 배너광고에 비해 저비용으로 높은 광고효과를 누릴 수 있다는 장점이 있다.

바이럴 마케팅은 넓은 의미에서 입소문 마케팅과 유사하지만, 전파하는 방식이 다르다. 입소문 마케팅은 정보제공자를 중심으로 메시지가 퍼져 나가지만, 바이럴 마케팅은 정보수용자를 중심으로 퍼져나간다. 또 입소문 마케팅이 주부나 동호회 등을 통해 상품 사용후기나 기능 등과 관련된 내용으로 전개된다면, 바이럴 마케팅은 재미있고 독특한, 즉 리마커블한 콘텐츠가 브랜드와 결합하여 인터넷을 통해 유포된다는 점에서 차이가 있다. 오직 보랏빛 소만이 입소문을 타고 바이럴 마케팅으로 당신을 찾아갈 것이다.

22

6단계 분리 이론과 입소문 마케팅

세상은 좁고, 발 없는 말은 천리 간다

6단계 분리 이론(Six Degrees of Separation)은 한 나라 안의 모든 사람은 여섯 단계를 거치면 서로 아는 사이라는 이론이다. 1967년 미국 예일 대학의 사회학 교수 스탠리 밀그램(Stanley Milgram)은 특정인에게 소포를 보내달라는 편지와 함께 임의의 사람에게 소포 전달을 의뢰하는 '작은 세상 실험(The Small World Problem)'을 통해 이 이론을 입증하였다. 그는 임의로 추출한 160명을 대상으로 먼 도시의 특정인에게 편지를 전달하도록 부탁했는데 평균 5.5명을 거쳐 편지가 도달한 사실을 알아냈다. 이는 아무리 많은 사람이 모여 있더라도 몇 단계만 거치면 모두 통하게 된다는 것을 의미한다.

요즘 세상에는 트위터, 페이스북 등 SNS의 확산으로 연결단계가 더 줄어들고 있다. 2011년 11월 페이스북은 7억 2천 1백만 명의 690억 친구 관계를 분석한 결과, 페이스북 사용자의 평균 연결단계는

4.74 명이라고 발표하였다. 6단계 분리 이론이 SNS 세상에서는 5단계 분리 이론으로 한 단계 짧아졌다는 흥미로운 분석이다.

일상생활 속에서 이 이론과 관련된 일은 흔하게 벌어지고 있다. 예컨대 병원에 입원한 가족의 치료를 위해 주변 인맥을 수소문하여 연줄을 대거나, 콘서트 무료초대권을 얻기 위해 친구의 친구에게 부탁을 하거나, 심지어 건너건너 주위에 일자리를 부탁하는 경우 등이 그렇다. 또 평소 학연, 지연, 혈연 등 폭넓은 인맥을 자랑하는 직장인이 탁월한 업무 성과를 올리거나, 복잡하고 어려운 문제를 쉽게 해결하거나, 신규 거래처와 납품 계약을 성사시키기도 한다.

이 뿐만이 아니다. 전혀 모르는 어떤 사람에 대한 평판을 알아볼 때도 몇 사람만 거치면 그 사람의 능력이나 성격, 태도 등을 파악할 수 있다. 평판의 3가지 중요한 요소는 외모(Appearance), 능력(Ability), 태도(Attitude)다. 보통 알파벳 첫 글자를 따 **'3A'**라고 한다. 직원 채용 시 이력서나 면접을 통해서 외모와 능력을 평가할 수 있지만 태도는 정확하게 알 수 없다. 그래서 주변 사람의 평판이 중요하다. 평판이 나쁘면 스펙이나 능력이 뛰어나도 탈락할 수밖에 없다.

개인은 물론 기업이나 제품도 입에서 입으로 전해지는 **입소문(Word of Mouth)**이 가장 확실한 홍보 전략이자 마케팅이다. 그런데 요즘 같은 SNS 세상에서는 입소문이라는 말이 어울리지 않는다.

그래서 나온 신조어가 **웹소문(Word of Mouse)**이다. 웹소문은 순식간에 무한대로 퍼진다. 나쁜 소문이나 부정적 말이 퍼지면 속수무책으로 당하는 수밖에 없다. 그렇다고 해서 웹소문을 무서워할 필요는 없다. 좋은 점이 훨씬 많기 때문이다. 과거에는 널리 알리기 위해 많은 돈이 필요했지만, 지금은 SNS를 이용해서 적은 돈과 노력으로도 비교적 손쉽게 홍보효과를 거둘 수 있다.

하지만 아무리 시대가 바뀌어도 입소문의 위력은 약해지지 않을 것이다. 왜냐하면 아직도 TV광고나 웹소문보다는 가족이나 친구의 말을 신뢰하는 사람이 많기 때문이다.

23

MOT 서비스와 100-1=0의 법칙

고객을 만나는 짧은 순간에 최선을 다하라

스페인 투우용어에서 유래한 MOT(Moment of Truth)는 투우사가 칼로 소의 급소를 찌르는 최후의 순간을 말한다. 실패가 허용되지 않는 중요한 순간으로 '진실의 순간' 또는 '결정적 순간'을 의미한다.

스페인의 마케팅학자인 리처드 노먼(Richard Norman) 교수가 서비스 품질관리의 용어로 MOT를 최초로 사용했다. 그는 MOT를 "고객이 기업의 직원, 특정자원과 접촉할 때 느끼거나, 고객이 서비스 품질에 대해 인식할 때 결정적 영향을 미치는 상황"으로 정의 내렸다. 요즘은 서비스 분야에서 고객을 접하는 모든 순간, 즉 '고객 접점 순간'이라는 의미로 사용하고 있다.

MOT는 스웨덴 스칸디나비아항공(SAS)의 사장 얀 칼슨(Jan Carlzon)이 1987년 《Moment of Truth》라는 책을 펴내면서 세상에 널리 알려지게 됐다. 당시 오일쇼크로 2년 연속 적자 중이었던 스칸디

나비아항공은 한 해 약 1,000만 명의 고객이 5명의 직원과 접촉하였으며, 1회 응대시간은 평균 15초였다고 한다.

얀 칼슨 사장은 직원이 고객을 만나는 짧은 순간이 회사의 전체 이미지와 실적을 좌우한다고 생각했다. 15초 사이에 고객을 어떻게 응대하느냐에 따라 고객을 평생 단골고객으로 잡느냐 마느냐가 결정된다고 판단한 것이다. 이에 따라 고객이 예약 문의 전화를 할 때부터 공항을 떠날 때까지 고객을 상대하는 모든 순간에 질 높은 서비스를 제공하는 MOT 서비스를 시행함으로써 불과 1년 만에 연 800만 달러의 적자에서 7,100만 달러의 흑자로 전환시키는 데 성공했다.

호텔, 백화점, 항공사, 식당 등 서비스 분야에서 **MOT 서비스**가 중요한 이유는 무엇일까? 그것은 고객이 99번의 만족스런 서비스를 경험했더라도 단 1번의 서비스에 불만을 느낀다면 전체서비스에 대한 만족도는 0(제로)가 되기 때문이다. 그래서 이것을 **'100-1=0의 법칙'**이라고도 부른다.

누구나 이러한 경험을 한두 번쯤은 해봤을 것이다. 예를 들어 모처럼 해외여행을 하는데 여행스케줄이 엉망이 돼서 불쾌한 경험을 한 여행객은 해당 여행사를 다시는 이용하지 않을 것이다. 큰마음 먹고 비싼 옷을 샀는데 하자가 있어 환불을 요구했으나 즉각 처리를 해주지 않아 기분이 상한 고객은 그 의류브랜드에 대한 호감도가 떨어질 것이다. 또 기다리던 신제품을 사기 위해 전화로 문의할 때, 친절한 답변을 들을 수 없다면 구매 의욕이 반감되고 말 것이다.

이렇듯 서비스산업 분야에서는 고객과 접촉하는 모든 순간에 고객만족을 위해 최선을 다해야 한다. 예컨대 식당의 MOT 서비스란 고객이 식당과 직간접적으로 만나는 매 순간, 고객의 니즈를 충족시켜야 하는 고객 접점 서비스를 말한다. 어느 한 순간이라도 고객이 불만족스럽다고 느끼면 그 식당에 대한 고객만족도는 떨어질 수밖에 없다. 고객이 광고나 간판을 보는 순간, 식당 문을 열고 들어서는 순간, 주문을 하고 음식이 나오는 순간, 음식을 한입 먹는 순간, 돈을 내고 식당 문을 나서는 순간, 다시 방문하는 순간 등 서비스 마케팅은 고객과 만나는 순간의 연속이라고 할 수 있다.

살짝 스치는 잠깐의 사이에도 고객은 만족하기도 하고 불만족하기도 한다. 항상 고객에게 시선을 두고 마음을 쏟아야 한다.

3

CHAPTER

성장을 위한 경영 이론

'창업(創業)보다 수성(守成)'이라는 옛말이 있다. '나라를 새로 세우는 것이 어려운가, 아니면 나라를 지키고 유지하는 것이 어려운가'하는 논쟁에서 나온 말이다. 이는 기업에도 적용된다. 아무나 창업할 수 있지만, 지키면서 성장하는 것은 아무나 할 수 없다.

회사를 만드는 것은 쉽다. 하지만 회사를 잘 키워서 지속적으로 성장하는 것은 어려운 일이다. 독특한 아이디어를 가지고 있거나 혁신적 특허기술을 보유해도 그것만으로는 부족하다. 신기술과 신제품이 훌륭한 경영과 만나야 비로소 빛을 발한다.

'현대 경영학의 아버지'로 불리는 피터 드러커(Peter F. Drucker)는 '기업의 목적은 고객을 창조하는 것'이라고 단순 명쾌하게 정의 내렸다. 새로운 고객을 창조하고 신규 시장을 창출함으로써 기업이 성장할 수 있다는 말이다. 쉽게 말하자면 경영이란 기업을 성장시키는 일이라고 할 수 있다.

월급 받고 일하는 직장인이라고 해서 시키는 일만 해서는 곤란하다. 회사를 끊임없이 성장시키기 위한 경영전략이나 사업계획을 정확히 이해하고 공감할 수 있어야 한다. 이를 위해서는 기본적 경영지식이 필요하다. 그래야 자신이 맡은 역할과 업무를 적극적으로 수행할 수 있고, 좋은 성과도 기대할 수 있다.

24

4차 산업혁명과 기업가 정신

지금이야말로 기업가 정신이 절실한 때

"인공지능! 알파고, 이세돌에 4:1 승리"

2016년 3월 인공지능 알파고(AlphaGo)와 천재 바둑기사 이세돌의 바둑 대결 결과는 충격적이었다. 누군가는 알파고가 일부러 한 게임을 져줬다는 얘기도 했다. 미리 계획된 작전이라는 것이다. 알파고가 5전 전승을 거두면 인간이 받을 공포와 혼란이 너무 크기 때문에 3승을 거둔 후 한 게임 패함으로써 인간에게 자비를 베풀었다는 것이다. 씁쓸한 마음뿐이다.

"커제의 눈물, 알파고에 3전 3패!"

2017년 5월 한층 업그레이드된 알파고가 세계 랭킹 1위의 중국 바둑기사 커제와 바둑 대결을 벌였다. 인간과 기계의 마지막 자존심 싸움이었다. 결과는 알파고의 완승이자 커제의 완패였다. 알파고는 1년 만에 훨씬 강해진 모습으로 나타났다. 커제는 "알파고가 이세돌은 이겨도 나는 이길 수 없다. 이세돌은 인류를 대표할 자격이 없다"고 큰소리쳤지만 알파고에게 속수무책으로 당했다. 커제는 끝내 절망의 눈물을 흘렸다.

알파고와 인간의 바둑 대결은 4차 산업혁명의 한 단면을 보여 주는 획기적 사건이었다. 4차 산업혁명이 먼 미래가 아니라 가까운 현실이라는 것을 말이다.

2016년 1월 스위스 다보스에서 열린 세계경제포럼(WEF, World Economic Forum)은 향후 세계가 직면할 화두로 **'4차 산업혁명(The Fourth Industrial Revolution)'**을 제시했다. 인공지능을 필두로 로봇, 자율주행차, 사물인터넷, 빅데이터 등을 통한 새로운 융합과 혁신이 빠르게 진행되고 있다. 이른바 4차 산업혁명이 도래하고 있는 것이다.

사실 4차 산업혁명이 무엇인지에 대해서는 아직 확립된 개념이나 실체가 없다. 독일 정부는 2011년에 이미 '인더스트리 4.0(Industry 4.0)' 정책을 추진하기 위해 4차 산업혁명 개념을 사용했다. 인더스트리 4.0은 제조업 혁신을 통해 경쟁력을 강화하기 위한 정책이다. 이 정책은 사물인터넷(IoT, Internet of Things)을 통해 생산기기와 생산품 간의 정보 교환이 가능한 제조업의 완전자동 생산체계를 구축하고 전체 생산과정을 최적화하는 것을 목표로 한다.

그런데 같은 해 세계적 석학 제러미 리프킨(Jeremy Rifkin)은 그의 저서 《3차 산업혁명(The Third Industrial Revolution)》에서 오히려 이제야 '3차 산업혁명'이 시작되었다고 주장했다.

그는 1760년대 1차 산업혁명은 석탄과 증기기관을 에너지로 하여 대량생산시대를 열고 철도, 인쇄술, 대중교육 등이 결합되었다고 설명했다. 1860년대에는 2차 산업혁명으로 전기와 석유를 에너지로, 전신, 전화, 방송 등 전자통신기술이 널리 경제와 사회를 변화시켰다고 파악했다. 1990년대에는 인터넷의 등장으로 정보고속도로, 재생에너지, 분자생물학 등의 발전을 이루는 3차 산업혁명이 등장하여 현재도 진행 중이라는 것이다.

2011년에 독일 정부는 4차 산업혁명을 제시하고, 제러미 리프킨은 3차 산업혁명을 제기했다. 과연 어느 것이 맞는가? 이에 대해 세계경제포럼의 클라우스 슈밥(Klaus Schwab) 회장은 4차 산업혁명이 3차 산업혁명과 차원이 완전히 다른 수준이라고 내다봤다. 4차 산업혁명은 지난 산업혁명과 달리 모든 국가, 모든 산업 분야에서 이루어지고 경제, 사회, 문화에 대한 영향력이 다르다는 것이다.

그는 산업혁명의 진화과정을 네 단계로 구분했다. "1760년부터 1840년경에 걸쳐 발생한 1차 산업혁명은 증기기관의 발명과 철도건설을 바탕으로 기계에 의한 생산을 이끌었다. 19세기 말에서 20세기 초까지 이어진 2차 산업혁명은 전기와 생산 조립 라인의 출현으로 대량생산과 대량소비를 가능하게 했다. 1960년대에 시작된 3차 산업혁명은 반도체와 메인프레임 컴퓨팅(1960년대), PC(1970년대와 1980년대), 인터넷(1990년대)이 발달을 주도한 디지털혁명이다. 지금은 4차 산업혁명의 시작점에 있다. 모바일 인터넷, 더 저렴하면서 작고 강력해진 센서, 인공지능과 머신 러닝 등이 4차 산업혁명의 특징이다."

여기에서 슈밥 회장도 4차 산업혁명이 언제 도래할 것인지는 확정짓지 못했다는 것을 알 수 있다. 그러나 한 가지 분명한 것은 4차 산업혁명이 3차 산업혁명과 본질적으로 다르다고 규정했다는 점이다. 산업혁명은 새로운 기술이 등장해 새로운 산업 생태계를 만들고, 그것이 인간이 삶을 영위하는 방식을 획기적으로 변화시킬 때 붙일 수 있는 개념이다. 산업분야의 변화에 그치지 않고 정치 · 사회 · 문화의 패러다임을 완전히 바꿀 때 혁명이라는 이름이 붙는 것이다.

세계경제포럼은 2025년까지 로봇 약사가 등장하고, 3D프린터로 자동차를 생산하며, 미국에서는 자율주행차가 10%를 넘고, 기업의 30%는 인공지능으로 회계감사를 수행할 것이며, 정부는 블록체인(Blockchain)으로 세금을 징수하게 된다고 예측했다. 그러면서 연결, 사이버-현실의 융합, 사물인터넷, 인공지능, 가상현실, 우버화, 인더스트리 4.0, 일자리와 노동, 지능정보사회, 거버넌스(Governance)의 10개 키워드가 4차 산업혁명을 이끌어 갈 것이라고 했다.

특히, 인공지능이 눈부시게 발전하고 있다. 이제 인공지능은 현실이 되고 있다. 그것은 빅데이터의 출현과 기계 스스로 학습할 수 있는 '딥 러닝(Deep Learning)'이라는 알고리즘의 개발 덕분이다. 인공지능의 발전으로 인류는 좀 더 스마트한 삶을 영위하게 될 것이다.

반면에 인공지능에게 인간의 일을 빼앗기는 것은 아닌지, 인공지능에 의해 인류가 지배당하는 것은 아닌지 우려를 낳고 있다. 물론 아직은 시기상조다. 그 정도로 발전하려면 앞으로도 수십 년은 더 걸릴 것이기 때문이다.

지금까지 우리나라는 제조업 중심의 2차 산업혁명과 인터넷 중심의 3차 산업혁명에서 '빠른 추격자(Fast Follower)' 전략으로 성공했다. 그러나 4차 산업혁명의 길로 들어서려는 지금부터는 '선도자(First Mover)'가 되어야 한다. 창의적 인재를 키우고, 혁신에 도전하는 기업가 정신을 더욱 고취시켜야 한다.

'기업가 정신(Entrepreneurship)'은 '기업가(企業家) 정신'과 '기업가(起業家) 정신'으로 혼용해서 불리고 있다. 우리말과 한자말로는 명확하게 구분하여 사용하지 않지만, 영어로 번역하면 쉽게 이해할 수 있다. 기업가(企業家)는 '비즈니스맨(Businessman)'으로 '경영자'를 의미한다. 반면 기업가(起業家)는 '앙트레프레너(Entrepreneur)'로 '모험적 사업가'에 가깝다. 불확실한 상황에서 위험을 무릅쓰고 혁신을 통해 새로운 가치를 창조하는 사람이 바로 앙트레프레너, 즉 기업가(起業家)다.

반세기 전 전쟁과 가난에 허덕이던 우리나라를 지금의 경제 강국으로 만든 요인 중의 하나가 기업가 정신(起業家)이었다. 그렇다면 4차 산업혁명의 시대에도 희망은 보인다. 앞으로 1만 개의 스타트업이 생기고 그 중에서 10%만 성공해도 우리나라는 4차 산업혁명의 선진국이 될 것으로 확신하기 때문이다. 지금이야말로 '기업가(起業家) 정신'이 절실한 때다.

25

린 스타트업과 성공 창업

현명한 시행착오가 성공으로 이끈다

스타트업 컴퍼니(Startup company) 또는 **스타트업**(Startup)은 설립된 지 오래되지 않은 신생기업을 말한다. 혁신적 기술과 아이디어를 보유한 창업기업으로, 1990년대 닷컴 버블 이후 미국 실리콘밸리에서 생겨난 용어다. 당시에는 인터넷 기술과 서비스를 제공하는 닷컴회사를 지칭하는 의미로 쓰였다. 대규모 자금을 조달하기 이전 단계라는 점에서 벤처기업과 차이가 있다. 기술집약형 벤처기업은 처음에 모두 스타트업으로 출발한다.

과거에 실리콘밸리의 스타트업은 먼저 핵심 아이디어를 도출한 후 스케줄을 짜고 필요한 예산을 마련한 다음에 제품 개발에 나섰다. 관련자 모두 신제품이 세상을 깜짝 놀라게 할 것이라고 믿기 때문에 개발이 끝날 때까지 전 과정을 철저히 비밀에 부쳤다. 하지만 이런 방식은 오랜 시간 많은 돈을 투자한 다음에야 제품이 시장에 나오므로,

반응이 좋지 않으면 자금이 바닥나서 기업이 살아남기 어려웠다.

그런데 미국 실리콘밸리의 벤처기업가 에릭 리스(Eric Ries)가 새롭게 고안한 경영전략인 **린 스타트업(Lean Startup)**은 다르다. 이는 새로운 아이디어가 나오고 계획이 세워지면 최소 기능의 제품을 빠르게 출시하여 고객의 반응을 본 후, 지속적 피드백으로 시장에 맞는 최적의 상품을 만드는 경영전략이다.

린 스타트업은 **린 경영(Lean Management)**을 토대로 탄생했다. 불필요한 요인을 제거하고 낭비를 최소화하는 일본 도요타의 생산방식을 미국의 기업 환경에 맞게 재정립한 경영방식을 린 경영이라고 한다. 린(Lean)은 '마른', '기름기를 쫙 뺀', '군더더기 없는 상태'란 뜻이다.

린 스타트업은 처음부터 세상을 놀라게 할 명품을 만들려고 하지 않는다. 새로운 아이디어가 나오면 조금 어설프더라도 최대한 빨리 테스트할 수 있는 제품, 즉 MVP(최소 요건 제품, Minimum Viable Product)를 만들어 출시한다. 그런 다음 고객의 반응을 분석하여 발빠르게 개선한다. 아이디어의 가설이 잘못되었다고 판단되면 미련 없이 방향을 바꾼다. '만들고, 측정하고, 배우는(Build-Measure-Learn)' 과정을 통해 고객으로부터 피드백을 계속 받으며 제품을 업그레이드하는 것이다. 오늘날과 같이 빠르게 변하는 시장상황에 적합한 전략이다.

아마존의 창업자 제프 베조스(Jeffrey Bezos) 회장은 "기존의 비즈니스 모델이 그대로 진행되는 경우는 거의 없다"고 지적했다. 초기 아이디어가 좋고 반드시 성공할 것처럼 보이더라도 실제 성공률은 높지 않다. 트위터도 원래 팟캐스트(Podcast) 서비스를 실패한 후 새로운 기능을 발견하면서 우연히 만들게 된 것이다. 애플도 모토로라와 공동으로 2005년 락커(ROKR)라는 휴대폰을 만들었지만 참패했고, 이를 교훈 삼아 아이폰을 만들었다.

기업의 세계는 앞날을 예측할 수 없고, 신규 사업의 성공은 장담할 수 없다. 기업의 불확실성을 이기는 방법으로 현명한 시행착오가 있다. 새로운 경영전략인 린 스타트업은 미래를 예측할 수 없고 생명력도 약한 신생기업인 스타트업에 올바른 길을 제시한다.

26

차별화와 디퍼런트

온리원(Only One)을 추구하라

"경쟁이란 무엇인가?"

흔히 경쟁에서 이기기 위해서 '최고가 되어야 한다.'고 생각하기 쉽다. 하지만 비즈니스 분야에서 최고는 그리 필요하지 않다. 비즈니스 경쟁에서 이기기 위해서는 경쟁자를 능가하거나 제품을 많이 판매하는 것보다는 독특한 존재가 되어야 한다. 이를 위해 기업은 경쟁우위에 서기 위한 전략을 고민해야 한다. **경쟁우위 전략**이란 기업이 특정 시장이나 산업에서 경쟁자와 비교하여 경쟁우위를 얻기 위해 활용하는 전략이다.

'현대 전략분야의 아버지'로 불리는 미국 하버드 경영대학원 석좌교수인 마이클 포터(Michael Porter)는 경쟁우위 전략으로 원가우위 전략, 차별화 전략, 집중 전략을 소개했다.

원가우위 전략(Cost Leadership Strategy)은 경쟁에서 우위를 차지하기 위해 규모의 경제를 실현하거나 연구개발을 통해 원가를 줄여 저비용 구조를 유지하는 것이다. 이때, 무조건 가격이 싼 것이 아니라 경쟁사에 비해 떨어지지 않는 품질을 유지해야 한다. 품질을 확보하면서도 낮은 원가 구조를 지속할 수 있다면 신규 진입자가 나타나든, 대체품이 나오든 간에 경쟁에서 승리할 수 있다.

월마트는 원가우위 전략을 확실하게 구사하는 대표적 기업이다. 물류 네트워크를 전산화해서 원가를 절감하고, 글로벌 소싱을 통해 양질의 제품을 최저가에 판매하는 전략으로 업계 1위인 K마트를 물리쳤다.

차별화 전략(Differentiation Strategy)은 경쟁자와 다른 독특한 가치를 고객에게 심어주어 더 높은 가격으로 제품을 판매하는 것이다. 경쟁제품과 차별화된 가치를 제공하기 때문에 고객은 브랜드에 대한 충성도를 갖게 되고, 기꺼이 비싼 가격을 받아들인다.

애플의 제품은 경쟁제품보다 비싸지만 뛰어난 품질, 혁신적 디자인, 고품격 브랜드 이미지로 고객의 마음을 사로잡아 업계 최고의 영업이익율을 올린다.

집중화 전략(Focus Strategy)은 틈새시장에서 특정 지역이나 특정 고객에 집중하는 것이다. 경쟁자와 전면 경쟁에서 불리한 기업이나, 자원과 역량이 부족한 기업에게 적합한 전략이다. 집중화 전략에는 원가우위 집중화 전략과 차별적 집중화 전략이 있다.

미국의 사우스웨스트 항공사는 대형 항공사와의 경쟁에서 살아남기 위해 단기노선을 집중적으로 공략했다. 사우스웨스트 항공사는 양질의 서비스를 유지하면서 초저가 항공료로 단기간에 미국의 4대 항공사로 급성장했다.

마이클 포터 교수는 '기업이 도태되지 않으려면 경쟁우위의 3가지 전략 중 한 가지라도 확실히 선택해야 한다.'고 주장한다. 가격이 싸든지, 확실히 차별화되든지, 아니면 틈새시장에 집중하든지 해야 살아남을 수 있다는 것이다. 집중화 전략이 원가우위나 차별화 전략의 일환이라고 본다면, 사실상 경쟁우위 전략은 원가우위 전략과 차별화 전략의 두 가지라고 할 수 있다. 그는 원가우위 전략과 차별화 전략을 동시에 구사하면 '중간에 낀 어정쩡한 상태(Stuck in the middle)'가 된다고 강조한다.

마이클 포터 교수의 경쟁우위 전략은 1980년대에 나왔다. 그런데 최근에는 다른 연구 결과가 나오고 있다. 그의 주장대로 한 가지 전략을 선택하는 것이 더 우월하기도 하지만, 원가우위와 차별화 전략을 동시에 추구하는 하이브리드 전략이 더 좋은 성과를 내기도 하는 것이다.

대표적 사례로 애플의 아이폰이 있다. 아이폰은 혁신의 아이콘으로 차별화의 선두주자이자 동시에 효과적인 공급망 관리와 규모의 경제 실현 등으로 원가 측면에서도 탁월한 경쟁력을 확보했다. 그 결과 전 세계 최대 판매량과 최고 영업이익률 달성이라는 두 마리의 토끼를 잡았다.

이외에도 다양한 분야에서 진행되는 기술 혁신이 원가우위와 차별화 전략 모두를 추구할 수 있는 원동력을 제공하기도 하고, 또 차별화 노력이 원가우위의 원천이 되기도 한다.

신규 사업을 추진하거나 신생기업의 경우, 초기에 성공적으로 안착하기 위해서는 차별화 전략을 중점적으로 추진해야 한다. 이제 막 설립한 작은 기업이 제품이나 서비스의 차별화 없이 처음부터 원가우위 전략을 구사하기는 어렵기 때문이다.

한편 미국 하버드 경영대학원의 문영미 교수는 그의 저서《디퍼런트(Different)》에서 경쟁에서 살아남기 위해서는 '넘버원(No.1)을 넘어 온리원(Only One)'이 되라고 강조한다.

문 교수는 경쟁에 대한 기존의 관념을 완전히 뒤집어놓았다. 경쟁에서 승리하기 위해 기업이 노력하면 할수록 제품은 저마다의 개성을 잃고 똑같아진다는 것이다. 결국, 치열하게 경쟁하느라 남들과 비슷한 전략을 구사하는 기업은 더 이상 살아남을 수 없으며, 오히려 경쟁에서 스스로 소외시키는 **다른(Different) 전략**을 채택해야만 진정한 승리자가 될 수 있다는 것이다. 이처럼 문 교수는 고정관념을 파괴하고 혼자만의 길을 걷는 것이 '진정한 차별화'의 길이라고 주장한다.

문 교수는 혁신적 차별화를 이뤄낸 브랜드는 기존의 틀에 무언가를 덧붙이는 것이 아니라 집을 허물고 새로 짓는 방식을 선택했다며

세 가지 유형으로 나눠 다양한 사례를 제시했다.

먼저 **역 브랜드**(Reverse-positioned Brand)가 있다. 아주 독특한 아이디어를 통해 소비자의 기대와는 전혀 다른 방향으로 나아가기로 결단한 브랜드를 말한다. 기존 브랜드가 꼭 필요하다고 생각하는 성공요소를 과감하게 삭제하여 기존 시장을 흔들어 놓는 것이다.

대표 사례로 구글이 있다. 구글이 사람들을 놀라게 했던 것은 그들이 한 것이 아니라 '그들이 하지 않았던 것'에 있었다. 모든 포털사이트가 메인화면을 더 화려하고 풍부하게 만들 때, 구글은 로고와 검색창만으로 단순화했다. 이에 네티즌은 열광했다.

가구를 배달, 설치해주기를 바라는 소비자의 니즈를 외면하고 판매, 배송, 심지어 조립까지 소비자가 직접 하도록 하는 이케아도 역 브랜드의 대표적 사례로 손꼽힌다. 가격이 싼 대신에 소비자들에게 불편함을 판매하는 역발상이 기발하다.

다음은 **일탈 브랜드**(Breakaway Brand)로 기존 제품과는 완전히 다른 카테고리 속으로 신제품을 편입시켜 소비자의 인식을 변화시키는 것이다.

킴벌리의 팬티형 기저귀가 대표적이다. 기저귀를 뗄 나이의 아이를 둔 어머니라면 더 이상 기저귀 제품에는 눈이 가지 않을 것이다. 그러나 킴벌리는 2살이 넘은 아기를 위한 팬티형 기저귀라는 새로운 카테고리를 형성하여 그들의 눈과 지갑을 잡아두었다.

또 스와치 시계는 전통적인 시계 카테고리를 패션용품으로 바꾼

최초의 시계 브랜드다. 대부분의 사람은 스위스 시계가 고급 보석매장에 함께 진열되어 있고, 수공으로 만들기 때문에 무척 비싼 상품이라고 여긴다.

하지만 스와치는 스와치 시계를 패션아이템에 집어넣는 모험을 감행했다. 별도의 디자인팀을 만들어 패션브랜드처럼 계절별로 새로운 컬렉션을 내놓았다. 그리고 부티크 매장이나 스와치 전문매장에서 판매하는 등 패션업계의 일반적 비즈니스 모델을 도입하여 성공했다.

마지막으로 **적대 브랜드(Hostile Brand)**가 있다. 소비자에게 냉소적 태도를 보이는 브랜드를 일컫는다. 한마디로 말해서 소비자들이 제품을 사든 말든 겉으로는 별 관심이 없다. 언제나 공격적이고 분위기를 거칠게 몰고 간다. 그런데 소비자는 이런 브랜드를 좋아한다. 적대 브랜드를 구입하는 것은 소비자 입장에서 단순한 소비행위를 넘어 자신의 개성을 공개적으로 드러내는 사회적 행위다. 적대 브랜드에 소속감을 느끼고, 이를 통해 고객 간의 결속력과 충성도를 더욱 높여간다.

이와 관련해 미니쿠퍼가 미국에 처음 진출할 당시의 상황이 흥미롭다. 미니쿠퍼는 미국인이 덩치 큰 SUV에 한창 빠져있던 시기에 출시되었다. 미니쿠퍼는 뻔뻔하고 도도한 마케팅 전략을 펼쳐 미국인의 감성을 자극했다. 소비자의 걱정을 달래기보다는 처음부터 작은 사이즈를 의도적으로 강조했다. '싫으면 그냥 떠나세요.'라는 전략은 소비자에게 강력한 인상을 남겼다. 이러한 점에서 미니쿠퍼는 전형적 적대 브랜드라고 할 수 있다.

"Think Different"

이것은 1997년 스티브 잡스가 애플에 복귀하면서 내세운 슬로건이다. 당시 공룡 같은 거대기업 IBM을 능가하는 기업을 만들기 위해 'IBM처럼 살지 말자', '그들과 다르게 나가자'는 강력한 외침이었다. 1917년, IBM을 성장의 길로 이끈 슬로건이 바로 "Think"였다. 'Think Different(다르게 생각하라)'야말로 차별화의 핵심을 정확히 찌르는 키워드다. 그 결과 탄생한 애플의 아이맥, 아이팟, 아이패드, 아이폰은 전 세계를 열광의 도가니로 몰아넣었다.

애플이 마니아를 몰고 다니는 이유는 역 브랜드, 일탈 브랜드, 적대 브랜드 전략이 시너지 효과를 냈기 때문이다. Mac의 마우스 버튼이 하나밖에 없다거나, 아이폰의 배터리가 분리되지 않는 불편한 점은 전형적 역 브랜드의 특징이지만, 혁신적 디자인과 유려한 인터페이스가 이러한 단점을 감내하게 만들었다. 아이폰은 일탈 브랜드이기도 하다. 휴대전화, MP3플레이어, 인터넷 단말기이면서 동시에 이 세 가지 중 어느 하나도 아니기 때문이다. 또 애플은 Mac 대 PC라는 대결 구도 속에서 '친구가 아니면 적'이라는 적대 브랜드의 태도로 일관해 왔다.

애플의 사례는 유사성이 지배하고 있는 비즈니스 세계에서 승리하기 위한 최고의 전략은 다름 아닌 차별화라는 점을 다시 한 번 상기시켜준다.

27

블루 오션과 신시장 개척

경쟁자 없는 바다에서 헤엄쳐라

레드 오션(Red Ocean)은 경쟁이 치열해 성공을 낙관하기 힘든 시장을 말한다. 출혈 경쟁을 비유하는 '레드(Red)'와 시장을 비유하는 '바다(Ocean)'를 절묘하게 결합한 합성어다. 그동안 우리가 알고 있는 대부분의 경영전략은 레드 오션에 적합한 것이었다. 시장점유율을 높이기 위해 원가를 절감하고, 품질을 차별화하며, 경쟁자를 벤치마킹하는 것 등이 모두 레드 오션 전략에 속한다.

그런데 레드 오션 너머에 잘 알려지지 않은 새로운 바다가 있다. **블루 오션**(Blue Ocean)이다. 아직 경쟁자가 없거나, 잘 알려지지 않아 경쟁이 약한 미개척 시장이다. 그렇지만 지금까지 존재하지 않았던 완전히 새로운 시장을 의미하는 것은 아니다. 기존의 산업간 경계에서 방향을 약간 비틀거나 기술 혁신이나 인식의 전환을 통해 다른 분야의 가치요소를 접목시켜 탄생하는 경우가 많다.

블루 오션(Blue Ocean)은 유럽경영대학원(INSEAD)의 김위찬 교수와 르네 마보안(Renee Mauborgne) 교수가 2005년 공동으로 출간한 《블루 오션 전략(Blue Ocean Strategy)》에서 처음 소개되었다. 두 저자는 "기업이 지속적으로 성장하기 위해서는 혁신을 통해 레드 오션에서 벗어나 블루 오션으로 나아가야 한다."고 주장했다. 블루 오션 전략의 핵심은 '기업이 현재의 핵심사업을 이용하여 차별화된 가치를 창출하는 것'이다.

그런데 블루 오션 시장을 발견하는 건 쉬운 일이 아니다. 어떤 항해지도에도 나타나 있지 않기 때문이다. 두 교수는 블루 오션을 찾아가는 방법으로 ERRC 방법론을 제시했다. ERRC란 없애거나(Eliminate), 줄이거나(Reduce), 늘리거나(Raise), 만드는(Create) 것을 말한다. 기존업계의 경쟁요소 가운데 불필요한 것은 없애고, 경쟁자보다 잘해야 한다는 강박관념 때문에 과잉서비스 되는 것이 있다면 줄이고, 고객에게 더 많은 가치를 줄 수 있는 것은 늘리며, 완전히 새로운 가치를 창출할 수 있는 요소를 만드는 것이다.

두 교수는 블루 오션을 창출하는 기업이 차별화 전략과 비용 절감을 동시에 모색하며 혁신을 추구한다면서 캐나다의 세계적 서커스단 시르크 뒤 솔레이유(Cirque du Soleil, 태양의 서커스)를 대표 사례로 들었다. 기존 서커스 산업은 동물 묘기와 곡예 등 고비용이 발생하는 문제를 안고 있었다. 또 주 고객층인 아동이 TV, 게임 등으로 관심을 돌린 것도 문제였다. 게다가 동물 학대 논란까지 겪으며 서커스 산업은 사양길에 접어들고 있었다.

그러나 태양의 서커스는 전통적 서커스 개념에서 탈피하여 과감하게 고비용 요소를 없앴다. 또 연극 요소와 음악, 무용 등을 현대적으로 융합함으로써 전혀 다른 개념의 공연을 개발했다. 이를 바탕으로 성인을 새로운 고객층으로 끌어들였고, 서커스 입장권 가격을 연극 관람료 수준으로 높일 수 있었다. 기존의 서커스를 재창조함으로써 레드 오션에서 블루 오션으로 이동한 것이다.

또 다른 사례가 있다. 2010년 애플이 아이패드를 처음 발표했을 때 세상 사람은 놀라움과 함께 찬사를 보냈다. 아이패드는 스마트폰보다 무겁고 노트북처럼 여러 작업을 하기에는 무리일 것 같았지만, 혁신적 기능으로 전 세계인의 마음을 사로잡았다. 아이패드는 심플한 디자인에 강력한 UI(User Interface), 편리한 이동성, 저렴한 가격으로 출시 4년 만에 2억 대를 판매하여 한때 세계 시장점유율 95%를 기록하기도 했다. 아이패드는 새로운 가치를 고객에게 제공함으로써 새로운 시장을 개척한 것이다.

우리나라도 유명한 사례가 있다. 1995년 만도에서 처음으로 김치냉장고 '딤채'를 출시하여 최고의 히트상품이 되었다. 1년 내내 신선한 김장김치를 먹을 수 있어서 강남 주부들이 열광하였고, 입소문을 타고 매년 고속 성장했다. 그 결과 삼성전자와 LG전자가 양분하고 있던 기존 냉장고 시장에서 두 기업을 제치고 20년 넘게 시장점유율 1위를 기록하고 있다. 탄탄한 기술력과 높은 품질, 탁월한 입소문 마케팅으로 틈새시장 개척에 성공한 딤채는 새로운 김치냉장고의 시대를 열었고 지금도 높은 브랜드 인지도를 유지하고 있다.

28

플랫폼과 비즈니스 강자

플랫폼을 장악하는 기업이 승승장구한다

애플 · 아마존 · 페이스북 · 구글!

구글의 에릭 슈미트(Eric Schmidt) 회장은 이들 기업을 인터넷 혁명을 주도하는 4인방(Gang of Four)이라고 불렀다. 그는 이들의 성공 비결을 자신만의 강력한 플랫폼 구축이라고 꼽았다.

플랫폼(Platform) 하면 기차를 타고 내리는 정거장이 먼저 떠오른다. 본래 기차역의 승하차 공간이나 강사, 지휘자, 다이빙선수 등의 무대처럼 '반복활동을 하는 공간이나 구조물'을 플랫폼이라 한다. 그 의미가 확대되어 비즈니스 세계에서는 자동차, 전자제품 등 제조업에서 다양한 모델을 개발하기 위해 공통적으로 사용하는 기본 골격도 플랫폼이라고 한다. ICT(Information Communication Technology) 분야에서는 '다양한 종류의 시스템을 제공하기 위해 반복적으로 사용하는 공통적 기반모듈'을 일컫는다. 한마디로 플랫폼이란 '다양한 제품이나 서비스를 제공하기 위해 사용하는 공통적 토대'라 할 수 있다.

ICT업계의 4인방은 새로운 시대를 선도하며 역사상 유례가 없는 속도로 성장한 기업들이다. 애플은 앱 개발자와 이용자를 연결하는 iOS운영체제와 앱 스토어로 플랫폼을 구축했다. 아마존은 온라인 쇼핑몰, 물류센터, IT시스템이 플랫폼이라 할 수 있다. 구글은 검색서비스를 매개로 광고주와 이용자를 중개해 주는 시스템을 플랫폼으로 만들었고, 페이스북은 회원 간 중개 시스템과 앱 개발자 지원 도구가 플랫폼 역할을 하고 있다.

10여 년 전의 4인방은 마이크로소프트(MS), 인텔, 시스코, 델이었다. 그러나 PC시대를 주름잡았던 MS와 인텔은 스마트폰에 대한 대응이 한발 늦어 주도권을 ARM, 구글 등에 내주고 말았다. 2007년 세계 시장점유율 49%를 자랑하던 휴대폰의 절대 강자 노키아는 그 해 첫 등장한 애플의 스마트폰에 대응하지 못하고 결국 2013년에 역사 속으로 사라져 버렸다. 당시 노키아 CEO 스티븐 엘롭(Stephen Elop)은 "우리의 플랫폼은 지금 불타고 있습니다."라는 글을 직원들에게 보내 화제가 되었다.

하버드 비즈니스 스쿨의 토마스 아이젠만(Thomas R. Eisenmann) 교수에 의하면 세계 100대 기업 중 약 60%가 플랫폼을 활용한 비즈니스를 하고 있다고 한다. 2017년 전 세계 기업 시가총액 순위에서 애플, 알파벳(구글), MS, 아마존, 페이스북이 나란히 1위부터 5위까지 차지했다.

우리나라에서는 ICT분야의 플랫폼 기업으로 네이버와 카카오가 손꼽힌다. 네이버는 검색포탈을 중심으로 서비스 생태계를 구축하였고, 카카오는 모바일 SNS인 카카오톡을 중심으로 독자적 생태계를 만들었다.

플랫폼 기업이 이처럼 시장을 장악하고 있는 이유는 무엇일까? 플랫폼은 처음에는 형성하기가 어렵다. 하지만 시장에 제대로 안착하면 일정기간 동안 성장을 보장 받는다. 왜냐하면 특정 플랫폼에 참여한 이용자들이 시간이 흐를수록 다른 플랫폼으로 옮겨가기가 점점 어려워지기 때문이다. 이로 인해 플랫폼 기업은 추가 투자 없이도 개발자와 이용자를 계속 유지하는 **잠금 효과**(Lock-in Effect)를 볼 수 있다.

무엇보다 플랫폼은 이용자가 늘어날수록 가치가 더 올라가는 네트워크 효과가 크다. **네트워크 효과**(Network Effect)란 상품을 이용하는 사용자 수가 늘어나면 늘어날수록 상품의 가치가 더 커지는 것을 말한다.

페이스북의 실제 사용자는 12억 명에 이르며 이 중 7억 명 이상이 매일 페이스북을 방문한다. 이들은 프로슈머로서 콘텐츠를 생산하기도 하고 소비하기도 한다. 이용자가 많을수록 정보의 규모와 인맥의 네트워크가 더 커지는 것이다.

플랫폼 전략은 ICT분야에만 적용되는 것이 아니다. 원래는 1920년대 GM의 CEO 알프레드 슬론(Alfred Sloan)이 자동차산업에 처음 도입했다. 자동차산업의 플랫폼이란 자동차의 핵심 기능을 담당하는 프레임, 트랜스미션, 브레이크 등 구조물을 가리키는 용어다. 하나의 플랫폼을 만들고 이를 여러 모델에 공통으로 적용해 개발 및 생산비를 줄이는 전략이다.

제품이 플랫폼이 될 수 있듯 물류도 플랫폼으로 활용할 수 있다. 100년 넘는 역사를 자랑하는 미국의 수하물 배송기업 UPS는 막강한 글로벌 배송인프라와 첨단 운영 프로세스를 플랫폼 삼아 SPL(Service Parts Logistics)이라는 신규 사업을 발굴해냈다. PC업체를 대신해 복잡하고 까다로운 부품 물류관리 전체를 대행하는 사업을 시작한 것이다. 그 외에 의료, 헬스케어 등 다른 산업으로도 고객사를 확장했다.

우리나라도 판매 인프라를 기초로 플랫폼전략을 성공시킨 사례들이 있다. 방범서비스기업인 세콤은 광범위한 방범네트워크를 활용해 손해보험 분야로까지 사업영역을 넓혔다. 정수기 렌탈기업 코웨이는 '코디'라는 전국 방문서비스 조직을 기반으로 공기청정기, 비데 등으로 렌탈 품목을 다양화하는 데 성공했다.

한국야쿠르트는 '야쿠르트 아줌마'라고 불리는 방문판매 조직을 만들어 성장해왔다. 1971년 처음에 47명으로 시작하여 2016년 말 기준으로 전국 13,000여 명에 이르는 막강한 판매조직을 구축하였다. 몇 년 전에는 냉장고를 탑재한 전동카트를 개발하여 기동력이 좋아지고 식품을 신선하게 보관할 수 있게 되었다. 판매품목도 기존 유제품뿐 아니라 커피, 주스, 디저트, 마스크팩, 반찬 등으로 계속 확장하고 있다. 최근에는 스마트폰용 앱을 개발하여 고객이 '야쿠르트 아줌마'의 위치를 검색하여 직접 찾아가서 구매할 수 있게 됐다. 또 모바일 앱으로 주문하면 다음날 집에 배달까지 해준다. 현재 한국야쿠르트의 연간 매출 중 '야쿠르트 아줌마'를 통해서 벌어들이는 비중이 약 90%를 차지한다. 첨단 기술과 접목하여 더욱 막강해진 이동식 영업망을 전국적으로 갖춰 향후 사업 전망이 밝다.

바야흐로 지금은 플랫폼 전쟁의 시대다. 기존의 플랫폼 시장을 장악하거나 새로운 플랫폼을 개척하는 기업이 승승장구할 것이다.

29

롱테일 법칙과 인터넷 비즈니스

인터넷 쇼핑몰이 만들어낸 비즈니스 법칙

80/20 법칙으로 더 많이 알려진 파레토 법칙(Pareto's Law)은 인터넷 세상이 열리면서 서서히 깨지기 시작했다. 역 파레토 법칙이 새롭게 등장한 것이다. 바로 **롱테일 법칙**(Long Tail Theory)이다. 원래는 롱테일 이론이라고 해야 맞지만 파레토 법칙과 비교하여 많이 사용한다는 점에서 일반적으로 롱테일 법칙으로 쓰고 있다.

이 법칙은 2004년 미국의 IT잡지 와이어드(Wired)의 편집장 크리스 앤더슨(Chris Anderson)이 처음 사용하였다. 그는 1만여 종의 앨범을 보유한 인터넷 음악사이트에서 분기당 한 곡 이상 팔린 곡이 전체의 90%에 달한다는 사실을 발견하고 연구를 시작했다. 이어서 미국 최대 오프라인 서점인 반스 앤 노블(Barnes & Noble)과 세계적 인터넷 서점인 아마존(Amazon)을 비교 조사한 결과, 공룡의 긴 꼬리를 닮은 판매곡선의 롱테일 법칙을 세상에 내놓았다.

롱테일(Long Tail)이란 말 그대로 아마존의 판매 실적을 그래프로 그렸을 때 왼쪽부터 판매량이 높은 제품 순서대로 배치하면 오른쪽으로 갈수록 길게 늘어진 곡선이 마치 꼬리가 긴 공룡 모습과 비슷하다고 해서 붙여진 이름이다.

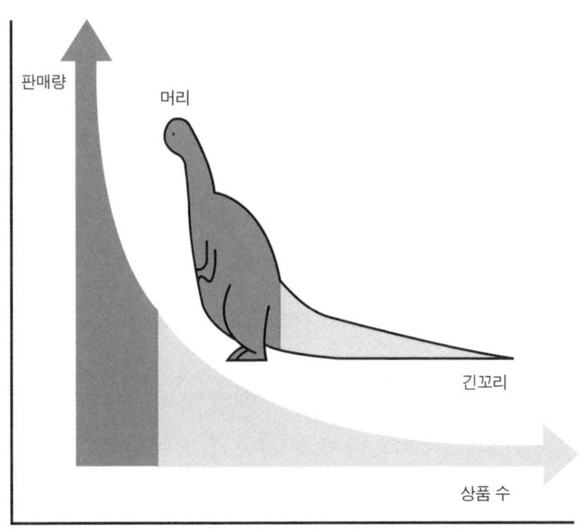

반스 앤 노블의 경우 전체 책 매출의 80%를 20%의 단골고객이 구입한 반면, 아마존은 10만여 종에 달하는 서적 중 90%가 매 분기 한 권 이상 판매되었다. 아마존 매출의 대부분이 몇 권의 베스트셀러에서 나오는 것이 아니라, 오프라인 서점에 잘 진열되지 않는 비인기 도서에서 나온다는 것이다. 베스트셀러로 히트하는 20%의 책도 중요하지만, 과거에 주목 받지 못했던 80%의 책을 간과하면 안 된다고 역설하는 셈이다.

이 외에도 다양한 사례가 있다. 애플의 아이튠스에서 제공하는 수백만 곡이 적어도 한 번씩은 판매가 된다고 한다. 또 과거에 인기였던 드라마를 보고 싶으면 인터넷 서비스를 이용하면 언제든지 볼 수 있다. 수많은 상품이 매출의 대부분을 올리는 것이다.

롱테일 법칙은 인터넷 쇼핑몰의 등장으로 새로운 온라인 비즈니스 모델이 창출되어 나타난 결과다. 오프라인 서점은 전시공간의 제약으로 책을 진열하는 데 한계가 있지만, 온라인 서점은 사이버 공간에서 거의 무한대로 책을 소개할 수 있을 뿐 아니라, 전 세계 어디라도 배송이 가능하다.

이렇게 기존의 유통체계에 혁신을 일으키고 새로운 비즈니스 패러다임을 창조한 인터넷 비즈니스의 미래는 스마트폰 등 모바일 기기의 눈부신 발달로 인해 앞으로 더욱 발전할 전망이다.

30

란체스터 법칙과 약자의 전략

약자는 강자와 정면대결하지 마라

란체스터 법칙(Lanchester's Law)이란 국가 간 전쟁에서 승패의 결과는 전력 차이의 제곱으로 나타난다는 것이다. 예를 들어 A국가는 5대의 전투기로, B국가는 3대의 전투기로 공중전을 벌인다면 A국가의 전투기가 2대 잔존할 것 같지만, 실제로는 전투기 대수 차이의 제곱(2대×2)인 4대가 잔존하고 B국가의 전투기는 모두 격추당한다는 것이다. 뺄셈의 법칙(5−3=2)이 아니라 제곱의 법칙(5−3=4)이 적용되는 것이다.

영국의 항공 엔지니어였던 프레드릭 란체스터(Frederick W. Lanchester)가 1, 2차 세계 대전 당시 전투기의 공중전 결과를 분석하다가 이 특이한 현상을 발견하여 란체스터 법칙은 탄생했다. 이 법칙은 군사 전략뿐 아니라 기업의 경쟁원리나 마케팅에 지대한 영향을 끼쳤다.

시장점유율이 1위인 선두기업을 상대로 후발기업이 동일한 시장에서 동일한 무기, 동일한 방법으로 싸워서는 강자인 1위 기업을 절대 이길 수 없다는 것이 현대 비즈니스 세계의 란체스터 법칙이다.

약자인 후발주자는 시장세분화를 하여 틈새시장을 개척하거나, 제품차별화 전략을 통해 무기를 달리하거나, 아니면 시장과 무기, 싸움의 방법을 모두 새롭게 하여 신제품으로 신시장을 개척하는 마케팅 전략을 세우지 않으면 승산이 없다.

대표 사례로 독일의 자동차브랜드 폭스바겐은 미국시장에 처음 진출할 때 제너럴모터스나 포드 같은 대형 미국자동차 브랜드와 전면전을 벌이는 것은 승산 없는 게임이라고 판단했다. 그래서 초기에 캘리포니아 한 주만을 타깃으로 집중적 마케팅 전략을 펼쳐 점차 시장점유율을 안정적으로 끌어올릴 수 있었다. 그 후 똑같은 방식으로 한 주씩 공략하여 결국 미국의 수입차종 중 1위를 차지하게 되었다.

다른 사례로 미국의 월마트를 꼽을 수 있다. 후발주자인 월마트는 당시 유통업계의 최강자 K마트와 전면전을 벌이지 않았다. 월마트는 K마트가 진출한 대도시를 피해 변두리 지역에서 점포 수를 확대해 나갔고, K마트가 약한 지역을 집중 공략해 나갔다. K마트가 위기의식을 갖고 월마트에 대응하기 시작했을 때는 이미 때가 늦었다. 월마트는 점포 수는 물론 상시 저가 판매체제를 구축하고 최첨단 물류시스템으로 경쟁력을 확보하여 K마트를 압도했다. 오늘날 월마트는 세계 1위의 글로벌 기업으로 성장한 반면에 K마트는 무너지고 말았다.

31

깨진 유리창의 법칙과 사소한 실수

사소한 실수가 기업의 운명을 뒤흔든다

1969년 미국 스탠포드대학의 심리학자 필립 짐바르도(Philip Zimbardo)교수는 매우 흥미로운 실험을 했다.

허름한 골목에 중고차 2대를 1주일간 방치했다. 한 대는 보닛만 열어놓고 다른 한 대는 일부러 창문을 조금 깬 상태로 놓아두었다. 1주일 후 보닛만 열어둔 차는 어떤 변화도 없었다. 하지만 창문이 깨진 차는 배터리를 뜯어가고 타이어도 전부 없어져서 완전히 폐차가 되고 말았다. 단지 창문이 조금 깨진 것뿐인 데 사람들이 고장 나서 버린 차로 생각하여 마구 약탈하고 파손해 고물차가 되어 버린 것이다.

이 실험에 사용된 깨진 창문 때문에 **깨진 유리창의 법칙(The Rule of Broken Window)**이라는 이름이 붙여졌다.

1982년 미국 범죄학자인 제임스 윌슨(James Wilson)과 조지 켈링

(George Kelling)은 이 법칙을 범죄학에 도입하여 큰 주목을 받았다. 뉴욕 시는 온갖 강력 범죄가 난무하던 뉴욕 지하철의 낙서 등을 근절하겠다고 선언하고 깨진 유리창 같은 각종 경범죄를 단속하였다. 그 결과 범죄 발생건수가 급격히 감소해, 범죄도시라는 오명을 지우는 데 성공했다.

할리우드 스타들의 홍보마케팅 담당자인 마이클 레빈(Michael Levine)은 이 법칙을 비즈니스세계에 접목시켜 아주 큰 반향을 일으켰다. 그가 말하는 깨진 유리창의 법칙이란 고객이 겪은 단 한 번의 불쾌한 경험, 단 한 명의 불친절한 직원, 매장의 벗겨진 페인트칠 등 기업의 사소한 실수가 결국은 기업의 앞날을 뒤흔든다는 것이다.

비즈니스 분야에서 나타나는 깨진 유리창의 법칙에 대한 5가지 특징을 살펴보자.

첫째, 사소한 곳에서 발생하며 예방이 쉽지 않다는 것이다. 특히 직원의 눈에는 잘 보이지 않는다. 잘하고 있다는 자만심이 눈을 가리기 때문이다. 그러나 고객 눈에는 너무나 잘 보인다는 것이 문제다.

둘째, 깨진 유리창이 확인되더라도 소홀하게 대응한다는 것이다. 처음에는 매우 사소해 보이기 때문에 이정도 쯤이야 큰 문제가 되지 않는다고 생각하여 소홀하게 대응한다.

셋째, 이미 문제가 커진 이후에 해결하려면 몇 배의 노력과 시간이 필요하다. 특히 깨진 유리창은 기업의 이미지에 타격을 주기 때문에 원래대로 회복하기가 매우 어렵다.

넷째, 나쁜 것은 숨기려 해도 여전히 잘 보인다. 임시방편이나 부적절한 대응은 상황을 오히려 더 악화시킨다. 항상 고객들이 지켜보고 있다.

다섯째, 깨진 유리창을 제대로 수리하고 예방하면 더 큰 보상을 얻을 수 있다. 좋은 사례가 있다. 1980년대 코카콜라는 주력 상품을 '뉴 코크'로 바꾸려는 계획을 세웠다. 그런데 기존 코카콜라를 버리고 뉴 코크가 출시되자 고객들이 반발하고 매출이 곤두박질 쳤다. 이로 인해 코카콜라는 미국 시장점유율 1위를 펩시에게 뺏겼다. 결국 코카콜라는 '뉴 코크'를 버리고 '코카콜라 클래식'으로 되돌아와서야 다시 시장점유율 1위를 차지할 수 있었다.

그러면 깨진 유리창 중 가장 치명적인 것은 무엇일까? 바로 고객을 무시하는 행위다. 허술한 고객 서비스는 사소한 문제처럼 보이지만, 가랑비에 옷 젖는 식으로 큰 기업도 무너뜨릴 수 있다.

위기에 처한 기업은 긴축 경영과 구조 조정을 앞두고 먼저 직원에게 볼펜 한 자루, 종이 한 장도 아껴 쓰는 등, 불요불급한 비용부터 절감하라고 한다. 백화점, 할인마트, 슈퍼마켓 등 유통업계는 숨 막히는 경쟁에서 이기기 위해 한 치의 실수도 용납하지 않도록 교육과 훈련을 더욱 강화한다.

그러나 유리창이 깨지지 않도록 하는 것만큼 깨진 유리창을 빨리 발견하여 새 유리창으로 즉시 교체하는 것 또한 중요하다. 왜냐하면 아무리 열심히 관리해도 유리창은 깨지기 때문이다. 한 바구니에 들어있는 썩은 사과를 빨리 골라내야 나머지 멀쩡한 사과를 온전히 보존할 수 있는 이치와 같다.

32

1:10:100의 법칙과 품질관리

불량을 즉시 고치면 100배의 비용을 절약한다

페덱스(FedEx)를 이끄는 프레드릭 스미스(Frederick Smith) 회장이 4만 달러로 시작한 작은 회사를 반세기도 안돼서 DHL, UPS와 더불어 세계 3대 물류기업으로 만든 비결은 무엇일까? 그것은 한 치의 실수도 용납하지 않는 철저한 서비스관리에 있다. 페덱스는 최상의 서비스를 유지하기 위해 **1:10:100의 법칙**을 철저히 지키고 있다.

이 법칙의 원리는 간단하다. 불량이 생기면 즉시 처리하는 데는 1의 원가가 들지만, 책임 소재를 따지거나 문책당할 것이 두려워 이를 숨기고 그대로 기업의 문을 나서면 바로잡는데 10의 비용이 들고, 이것이 고객 손에 들어가 손해 배상을 청구하면 100의 비용이 든다는 것이다. 작은 실수를 그대로 내버려 뒀을 경우 그 비용이 적게는 10배, 많게는 100배까지 늘어난다는 의미다. 이러한 페덱스의 법칙은 서비스 품질경영 부문에서 이미 교과서처럼 여겨지고 있다.

비즈니스에서 서비스 분야의 비중이 높아지면서 초기 대응의 중요성은 점점 더 높아지고 있다. 특히 미디어가 발달함에 따라 고객의 입소문 영향력이 과거와 비교할 수 없을 만큼 커지자, 불만고객을 어떻게 응대할 것인지가 비즈니스의 성패를 좌우할 만큼 중요해졌다.

미국 펜실베이니아대 경영대학원인 와튼 스쿨(Wharton School)은 2005년 크리스마스를 전후로 쇼핑을 한 미국 소비자 1,186명을 대상으로 설문 조사를 실시해 〈2006년 불만고객 연구보고서〉를 냈다.

이 보고서에 의하면 조사 대상 가운데 절반이 쇼핑 과정에서 한 번 이상 기분 나쁜 경험을 했고, 평균적으로는 한 번의 쇼핑에 3회 정도의 불만을 느꼈다고 한다. 또 한 매장의 불만고객의 수가 100명이라고 할 때, 이 중 32~36명의 고객은 매장에 다시 방문하지 않는 것으로 나타났다. 그들 중 기업에 직접 항의하는 고객은 6%에 불과했다.

그렇다면 그들은 반복 구매를 하지 않는 것으로만 불만을 나타낼까? 그렇지 않았다. 그들은 기업에 직접 항의하는 대신 주변의 동료, 가족, 친구에게 불만을 털어놓는 쪽을 택했다. 불만고객 10명 중 3명이 이러한 불만 표출 방법을 사용하는 것이다.

게다가 나쁜 입소문을 내는 고객 중 80% 이상이 3명 이상의 지인, 많게는 6명 이상의 주변 사람에게 자신의 나쁜 경험을 알린다고 했다. 전체적으로 불만고객 100명 가운데 31명이 무려 90여 명에게 불만을 전파하는 셈이다.

이 조사에서 알 수 있듯이 불만고객의 경험이 전해지는 과정에서 입소문이 눈덩이처럼 불어나기 때문에 고객의 불만은 잠재 고객의 감소로 이어진다. 그런데 정작 기업은 이런 불만을 알아차리기 어렵다. 왜냐하면 불만을 기업에 알리지 않는 고객이 훨씬 많기 때문이다.

그러므로 초기에 불량을 개선하는 철저한 품질관리, 사전에 불만을 방지하는 섬세한 고객관리만이 고객의 신뢰를 얻을 수 있다.

33

나비 효과와 불확실성의 시대

불확실한 시대에서 살아남는 법

"브라질에서 나비가 날갯짓을 하면 텍사스에서 토네이도가 일어난다."

이 얘기는 나비의 날갯짓처럼 작고 경미한 바람이 폭풍우와 같은 커다란 변화를 일으킨다는 뜻으로 **나비 효과(Butterfly Effect)**라고 부른다. 나비 효과를 처음 대중에게 알린 사람은 미국 매사추세츠공대(MIT) 기상학 교수 에드워드 로렌츠(Edward Lorenz)다.

그는 어느 날 컴퓨터 시뮬레이션으로 기상 변화를 예측하는 과정에서 정확한 초기 값인 0.506127 대신 소수점 이하를 일부 생략한 0.506을 입력했다. 그 결과는 놀라웠다. 0.000127이라는 근소한 입력값의 차이가 완전히 다른 기후 패턴의 결과로 나타났기 때문이다. 정확한 숫자를 입력했으면 천둥 번개를 예측할 수 있었겠지만, 네 자리 소수점 이하의 숫자를 제외하는 바람에 맑은 날씨가 예상된 것이다.

"미국이 재채기하면 세계 경제는 독감에 걸린다."

나비 효과는 경제나 사회현상을 설명하는 용어로도 사용되고 있다. 2011년 세계경제 상황을 나비 효과에 비유할 수 있다. 그 해 8월 미국의 신용평가회사인 스탠더드 & 푸어스(Standard & Poor's)는 재정적자가 해결되지 않았다는 이유를 들어 미국의 신용등급을 AAA에서 AA+로 강등했다. 미국(나비)의 신용등급 강등(날갯짓)으로 인해 중국, 한국, 독일 등 전 세계 주요국 주식시장에 일제히 빨간 불이 들어왔고 경제성장률도 급락했다.

사태는 여기서 멈추지 않았다. 유럽연합의 재정건전성에 대한 우려가 증폭됨으로써 그리스, 스페인 등의 신용등급도 줄줄이 낮아졌다. 그리스는 급기야 국가 부도라는 최악의 사태까지 맞았다. 세계경제에 토네이도가 불어 닥친 셈이다.

세계화가 가속화되면서 모든 것이 서로 연결되어 한 부분에 변화나 충격이 가해지면 다른 부분도 연동되어 충격을 받는다. 그만큼 세계 경제의 불확실성은 더욱 커지고 있다. 극심한 격동으로 대변되는 카오틱스의 시대가 도래한 것이다.

마케팅의 아버지로 불리는 필립 코틀러(Phillip Kotler)는 위기의 시대에 기업의 생존 전략으로 카오틱스 시스템을 제안했다. **카오틱스(Chaotics)**란 격동의 시대를 정상의 상태로 인정하고 이를 새로운 보편성으로 규정하는 신개념이다.

기업 경영에 위기가 닥쳤을 때 비용 축소, 인력 감축 같은 인위적 구조 조정을 통한 현금 흐름의 일시적 개선이 단기적 회복에는 도움이 될지 모르지만, 장기적으로는 오히려 기업경쟁력을 약화시킨다고 그는 강조했다. 그러면서 경기 침체기와 같은 격동의 시기에는 조직을 더 효과적으로 운영하고 마케팅을 더 효율적으로 수행해야 한다고 주장했다.

카오틱스 시스템(Chaotics System)은 3단계로 구성된다. 1단계는 정교한 기상레이더처럼 시장을 둘러싼 위험요소를 탐지하는 조기경보 시스템을 갖추는 것이다.

예를 들면 스웨덴의 가구회사 이케아(IKEA)는 A지역에서 팔리는 B라는 고가 제품의 매출을 조기경보시스템으로 활용한다. A지역에서 B제품의 매출이 떨어지면 전체 매장에 바로 저가 제품 진열을 늘리고 고가 제품 진열은 줄이는 조치를 취한다. 반대로 B제품의 매출이 증가하면 즉시 고가 제품의 진열을 늘린다. 매장의 상품 판매 추이에 따라 미리 대비하는 것이다.

조기경보시스템을 통해서 얻은 정보를 바탕으로 가장 가능성 있는 키 시나리오(Key Scenarios)를 구성하는 것이 2단계다. 여기서 중요한 것은 일반적인 경우와 최악의 경우, 최상의 경우처럼 적어도 3가지 이상의 시나리오를 준비해야 한다는 것이다.

마지막 3단계는 각 시나리오에 가장 부합하는 전략적 대응을 하는 것이다. 가능성이 높은 시나리오에 맞게 대응 전략을 마련해두면 위기를 지혜롭게 헤쳐 나갈 수 있다.

불확실성이 요동치는 시기에 현명하게 대처하는 기업은 위기 상황을 극복하는 것은 물론, 경쟁기업을 인수하거나 부도 위기에 놓인 기업을 헐값에 인수할 수도 있다. 격동기는 새로운 도전의 기회가 될 수도 있는 것이다.

34

세렌디피티와 행운

창의적 환경에서 뜻밖의 행운이 찾아온다

노벨상을 창설한 알프레드 노벨(Alfred Nobel)은 불안정한 액체 폭탄을 안정화하려고 갖은 노력을 기울였다. 그러던 어느 날 니트로글리세린을 보관하는 용기에 구멍이 생겨 그곳에서 새어 나온 니트로글리세린이 굳은 것을 발견했다. 용기 주위에 있던 규조토가 바로 안정제였다. 이를 바탕으로 노벨은 다이너마이트를 발명했다.

다이너마이트, 페니실린, 만유인력 등 수많은 발명과 발견은 세렌디피티에 의해 탄생했다. **세렌디피티**(Serendipity)란 '뜻밖의 발견이나 발명'을 뜻한다. 페르시아 동화인 '세렌디프의 세 왕자들'에서 유래했다. 여행을 떠난 왕자들이 연이은 우연에 힘입어 지혜와 용기를 얻는다는 내용이다.

구글의 창업자 세르게이 브린(Sergey Brin)은 자신의 성공비결 중 첫 번째로 '행운'을 꼽았다. 치밀한 경영전략보다는 우연의 힘이 컸다는 의미다. 페이스북의 창업자 마크 주커버그(Mark Zuckerberg)도 '페이스북에는 뜻밖의 행운인 세렌디피티가 담겨 있다'고 말했다. 그의 말대로 페이스북은 뜻밖의 만남이 매일 펼쳐지는 공간이다. 유튜브는 처음에 단순한 데이트 사이트로 시작했으나, 재미있는 동영상을 힘들게 찾는 고객의 니즈를 발견하고 이를 사업으로 연결해 성공했다.

최근 경영환경이 달라지면서 구글이나 페이스북, 유튜브처럼 뜻밖의 아이디어로 성공한 사례가 늘어났다. 하지만 모든 기업이 세렌디피티를 누릴 수 있는 것은 아니다. 세렌디피티는 준비된 기업만이 누리는 특권과 같다. 뜻밖의 발견에 성공한 기업을 잘 살펴보면 모두 세렌디피티가 나타나기 쉬운 환경을 갖추고 있다는 것을 알 수 있다.

기업에서 세렌디피티가 나타나기 위해선 세 가지가 필요하다.

첫째, 익숙한 일상에서 벗어나 혼자 생각을 정리할 수 있는 시간이 필요하다. 기업은 말로만 창의성과 아이디어를 요구할 것이 아니라, 직원이 업무 이외의 활동을 할 수 있도록 자율성과 여유를 주어야 한다.

고어텍스로 유명한 고어(Gore)는 직원의 업무시간 10%를 '장난 시간(Dabble Time)'으로 쓰도록 했다. 마음껏 취미 활동을 즐기다 보면 고정관념이 사라지고 생각이 자유로워진다고 여겼기 때문이다. 실제로 의료사업부의 한 직원은 장난 시간에 기타 치는 동료와 어울리다가 고품질의 기타 줄을 개발했다. 마이크로소프트의 창업자 빌 게이츠(Bill Gates)는 1년에 두 차례 업무에서 벗어나 외딴 별장에서 '생각 주간(Think Week)'을 보낸다.

둘째, 직원 간의 우연한 소통을 늘려야 한다. 그러기 위해서는 누구에게나 개방된 공간을 마련하고, 여기에 직원이 자유롭게 모일 수 있도록 다양한 것을 제공해야 한다.

구글의 새 사옥은 직원 간 소통을 강화하는 데 초점을 두었다. 직원의 일상적인 대화 속에서 Gmail, Street View 등 혁신제품이 탄생했음을 잊지 않은 것이다. 새로운 사옥에서는 어떤 직원이라도 2분 30초 안에 다른 사람에게 다가갈 수 있다. 나선형 통로를 만들어 직원의 접촉 기회를 늘린 것도 특징이다.

셋째, 발견을 실행으로 이어가야 한다. 끊임없는 시도와 실행을 통해 세렌디피티의 성공 확률을 높여야 한다. 이 과정에서 기업은 우연히 발생한 결정적 기회를 포착하게 된다. 또 직원의 시행착오를 용인하고, 혁신적 아이디어를 과감하게 실행할 수 있게 격려해야 한다. 세계적 인기를 끈 게임 '앵그리버드(Angry Birds)'는 8년간 52번의 도전 끝에 탄생했다.

무수한 시도 끝에 행운을 만나는 것은 우연보다 필연에 가깝다. 세렌디피티를 통해 성공하려는 기업은 직원의 소통 역량을 키워야 한다. 낯선 전시회나 새로운 모임에 참석할 수 있도록 이끄는 것도 좋다. 리더는 세렌디피티가 지속적으로 발생할 수 있는 조직 환경을 만들어야 한다. 기업은 세렌디피티를 통한 성공 경험이 지속적으로 축적되어 신규시장 개척과 히트상품 탄생으로 이어질 때 혁신기업으로 거듭날 수 있다.

4

CHAPTER

살아남기 위한 기업의 생존 전략

글로벌 컨설팅기업 매킨지가 낸 보고서에 따르면, 1935년에는 기업의 평균 수명이 90년에 달했으나, 1975년에는 30년으로, 1995년에는 22년으로 줄었으며, 2015년 들어 평균 15년 수준까지 떨어진 것으로 나타났다. 지난 80년 사이에 기업 수명이 무려 75년 가까이 단축됐다는 얘기다.

국내 기업의 상황을 들여다보면 더 심각하다. 세계 500대 기업의 평균 수명은 40~50년 정도를 유지하지만, 국내 코스피 상장기업의 평균 수명은 33년이고, 국내 대기업의 경우에는 27년에 불과한 것으로 드러났다.

국내 중소기업의 현실은 더욱 충격적이다. 2013년 한국은행의 발표 자료에 의하면, 국내 320만 중소기업의 평균 수명은 12.3년으로 밝혀졌다. 또한 창업 후 2년까지 생존한 기업은 50%에도 못 미쳤으며, 중소기업이 5년 이상 존속할 확률은 24%에 머무른 것으로 나타났다.

이러한 통계 자료를 볼 때 기업의 최우선 과제는 장기적 성장, 즉 생존이라 할 수 있다. 기업의 생존 비결이나 전략은 업종마다 회사마다 다르지만, 일반적으로 적용할 수 있는 기본 법칙이나 원리가 있다.

35

하인리히 법칙과 300번의 징후

위기는 갑자기 찾아오지 않는다

"1번의 대형사고가 발생했을 경우, 이미 그 전에 유사한 29번의 경미한 사고가 있었고, 그 주변에서는 300번의 이상 징후가 있었다."

1931년 미국의 한 보험회사 관리감독자였던 허버트 하인리히(Herbert W. Heinrich)가 고객 상담을 통해 사고 원인을 분석하는 과정에서 **하인리히 법칙**(Heinrich's Law)을 발견했다. **1:29:300의 법칙**이라고도 한다. 그는 큰 사고는 어느 순간 갑작스럽게 발생하는 것이 아니라 그 이전에 반드시 경미한 사고들이 반복되는 과정 속에서 발생한다는 사실을 밝혀낸 것이다.

1994년 성수대교, 1995년 삼풍백화점이 붕괴한 사고는 아직도 잊히지 않는다. 돌이켜 보면 사전에 예방할 수 있었던 사고였다. 사고 원인을 알고도 미리 조치를 취하지 않아 벌어진 인재였다. 2003년 192명의 희생자가 발생한 대구 지하철 화재사고, 2014년 304명의 귀중한 생명을 앗아간 세월호 참사 등 지금도 비슷한 원인으로 대형 사건사고가 끊임없이 일어나고 있다.

하인리히 법칙은 사건사고에만 해당하는 것이 아니다. 작은 구멍이 큰 둑을 무너뜨리듯이 사소한 실수와 잘못이 쌓이고 쌓이면 큰 기업도 하루아침에 망할 수밖에 없다.

대표적 사례로 1995년 233년 전통의 영국 베어링은행이 파산한 사건을 들 수 있다. 한 펀드매니저가 선물투자에서 발생한 손실을 만회하기 위해 회사 몰래 더 많은 돈을 투자했으나, 결국 13억 달러를 날리는 바람에 은행이 무너진 것이다. 위험을 관리하는 시스템이 제대로 작동하지 않은 탓이다.

온 국민을 고난과 실의에 빠뜨렸던 1997년 말 IMF 외환위기는 어느 날 갑자기 찾아온 것이 아니었다. 사전에 무수한 경고음이 들렸고 이상 조짐이 발생하였지만, 이를 무시하였기 때문에 발생했다. 하루아침에 거대 재벌이 해체되고 속절없이 파산했다. 수많은 중소기업은 소리 소문도 없이 사라져버렸다.

그로부터 10년 후에 발생한 2008년 미국 발 세계 금융위기 또한 마찬가지였다. 지금 이 순간에도 우리나라 경제에 경고 신호가 계속 울리고 있다. 미리 위기에 대처하지 않으면 기업이 갑자기 무너지는 일이 반복될 것이다.

2009년 스탠퍼드대학교 경영대학원의 짐 콜린스(Jim Collins)교수는 《위대한 기업은 다 어디로 갔을까》라는 책을 내놓았다. 《성공하는 기업들의 8가지 습관》, 《좋은 기업을 넘어 위대한 기업으로》 등 성공한 기업의 이야기를 다뤘던 기존의 저서들과 달리, 한때 뛰어났던 기업이 어떻게 몰락의 길로 들어서는지를 연구한 것이다.

그는 기업의 몰락 과정을 5단계로 나누어 설명했다.

몰락의 1단계는 자신의 놀라운 성공에 도취되어 자만심이 생기는 것이다.

몰락의 2단계는 원칙 없이 더 큰 욕심을 내는 단계다. 자신을 키운 성장 동력을 잃어버리고 새로운 사업을 마구 벌여 외형을 키우는 데만 몰두하거나, 핵심 자리에 부적절한 사람이 들어와 점점 관료화되면서 뛰어나 인재를 모두 내쫓는다.

몰락의 3단계는 기업 내에서 지속적으로 발생하는 위험 신호와 위기의 가능성을 부정하는 단계다. 300번의 사소한 징후가 모여서 29번의 경미한 사고가 발생해도 부정적 데이터는 무시하고 긍정적 결과에만 관심을 보인다. 게다가 잘못되는 이유를 전부 외부환경 탓으로 돌린다.

몰락의 4단계가 되면 위기가 표면으로 드러나 도저히 부정할 수 없는 수준으로 악화된다. 그러나 정작 위기의 근본 원인은 해결하지 않고 썩은 부분만 도려내어 더 깊은 수렁으로 빠져 든다.

몰락의 5단계는 완전히 망해 사라지거나, 간신히 명맥만 유지하는 그저 그런 회사로 전락하는 것이다.

재앙은 어느 날 갑자기 홀로 찾아오지 않는다. 반드시 많은 징후를 앞세운다. 그러므로 아무리 하찮게 보이는 작은 징후라도 꼼꼼히 들여다보고 적극 대처하지 않으면 안 된다. 큰 재해는 항상 아주 작은 것을 방치할 때 발생하기 때문이다.

36

디테일의 힘과 기업의 운명

사소함이 기업의 미래를 좌우한다

"면접에서 아주 좋은 성적을 받은 지원자는 당연히 합격할 것으로 믿었다. 그런데 1주일이 지나도록 아무런 연락이 오지 않았다. 조급한 마음에 회사로 전화를 걸어 어찌된 일인지 물어보았다. 인사팀의 답변은 이랬다. '사실 당신의 면접 성적은 가장 좋았습니다. 하지만 이력서에 문제가 있었죠. 당신의 구겨진 이력서를 보신 사장님께서 이력서 하나 제대로 간수하지 못하는 사람이 어떻게 한 부서를 관리할 수 있겠느냐며 당신을 탈락시키셨습니다.' 아주 작은 부분이었지만 그것 때문에 떨어진 것이다."

"한 지원자가 면접실에 들어갔다. 그런데 바닥에 종이뭉치 하나가 떨어져 있었다. 이 지원자가 종이뭉치를 주워 휴지통에 넣으려고 하는데, 갑자기 면접관이 '좋아요. 그 종이를 펼쳐보세요.'라고 말했다. 지원자는 어리둥절한 모습으로 종이뭉치를 펼쳐보았다. 종이에는 '우리 회사에 입사한 것을 환영합니다.'라고 쓰여 있었다."

"중국의 한 업체가 냉동새우를 유럽에 수출했으나 1,000톤의 냉동새우 중 항생제 0.2그램이 발견되어 통관이 불허되었다. 알고 보니 냉동새우 껍질을 벗기는 한 직원이 습진 치료약을 바른 채 작업했던 것이 화근이었다. 검사에서 발견된 항생제는 전체물량의 50억 분의 1밖에 안 되는 극소량에 불과했다."

2004년 중국의 왕중추가 쓴 **'디테일(Detail)의 힘'**에 나오는 이야기다. 그는 다양한 사례를 들어가면서 디테일은 일과 삶에 대한 태도이자 과학정신이라고 강조했다. 그리고 작지만 강력한 디테일의 힘을 이렇게 결론 내렸다.

"완벽한 모습을 보여주기란 매우 어려운 일이다. 작고 사소한 부분까지도 모두 완벽해야 하기 때문이다. 반대로 자신의 이미지를 망치기는 아주 쉽다. 작고 사소한 부분을 무시하는 것만으로도 만회할 수 없는 심각한 타격을 입을 수 있기 때문이다. 큰 성공과 작은 성공을 거둔 사람의 차이는 종이 한 장 차이, 즉 디테일에 있다."

첨단 과학기술 분야에서는 디테일이 더욱 중요하다. 1986년 7명의 우주비행사가 탑승한 우주왕복선 챌린저호가 발사 후 73초 만에 공중분해 되었다. 미국 정부는 연료 누출을 방지하는 작은 고무패킹 하나가 폭발의 원인이었다고 발표했다. 0.28인치 굵기의 패킹이 추위로 탄성을 잃어 배기가스가 새어 나왔기 때문이었다. 챌린저호의 모든 기기는 미터(Meter) 단위를 사용했는데 유독 로켓외벽 이음새의 패킹만 인치(Inch) 단위를 적용했다. 미세한 오류가 일으킨 대참사였다. 더구나 담당자의 사전 경고를 묵살하고 발사를 강행한 인재였음이 밝혀졌다.

1999년 화성탐사선이 갑자기 우주에서 사라져버렸다. 미국 우주항공국 NASA가 조사한 결과, 원인은 단순한 계산 착오였다. 운항자료를 미터(Meter)가 아닌 마일(Mile) 단위로 입력하는 실수를 범한 것이다. 어이없는 실수로 1억 달러가 넘는 우주탐사선이 화성대기권에 진입하려다 산산조각 나버렸다.

작지만 강력한 디테일의 힘은 기업의 운명을 좌우하기도 한다. 한 번의 사소한 실수로, 한 사람의 작은 잘못으로 기업의 미래가 암울해질 수 있다. 실제로 많은 사례가 있다.

2013년 단 한 번의 주문 실수로 파산한 한맥투자증권이 대표 적이다. 어이없게도 직원이 주문을 잘못하여 파생상품을 상한가에 사들이고 하한가에 매도해버리는 사건이 벌어졌다. 단순한 실수를 막을 수 있는 시스템이 제대로 구축되어 있지 않아 발생한 일이었다. 수백억 원의 손실을 막을 수 없었던 소형증권사는 결국 문 닫고 말았다.

'작은 일을 못하는 사람은 큰 일도 못 한다'는 말을 주변에서 자주 듣곤 한다. 못 하나 제대로 박을 줄 모르는 사람에게 집 짓는 일을 맡길 수 없다는 얘기다. 직장에서도 똑 같은 일이 벌어진다. 신입사원에게 복사 같은 단순한 일을 맡겨도 그 결과는 제각기 다르다. 어떤 직원은 깨끗하게 복사하여 가지런히 정리해서 전달하는 반면, 다른 직원은 흐릿하게 복사하고 흐트러진 상태로 준다. 누가 더 인정받을지는 불을 보듯 뻔하다. 큰 일을 하는 사람이 되고 싶으면 먼저 작은 일을 잘하는 사람이 되어야 한다.

산악인 엄홍길은 디테일을 이렇게 강조했다.

"평지에선 웃고 넘길 수 있는 사소한 실수가 높은 산에서는 팀 전체를 죽음으로 몰고 갈 수 있다. 장비의 매듭 하나가 풀리는 사소한 부주의 때문에 목숨이 왔다 갔다 한다. 따라서 고산 등반이란 처음부터 끝까지 아주 섬세하게 관리하지 않으면 성공할 수 없다. 서울에서는 깜빡 잊고 못 챙긴 물건도 다시 사면 되지만, 히말라야에서는 그럴 수 없다."

37

메기 효과와 경영 혁신

끊임없는 자극과 경쟁으로 혁신하라

영국의 역사학자 아놀드 토인비(Arnold J. Toynbee)는 불후의 명작《역사의 연구(A Study of History)》에서 인류의 역사를 '도전과 응전(Challenge and Response)'의 과정으로 보았다. 외부의 도전에 효과적으로 응전했던 민족이나 문명은 살아남았지만, 그렇지 못한 문명은 소멸했다는 것이다.

그는 평소 저술과 강연에서 청어 이야기를 자주 인용했다.

"청어는 영국인이 가장 좋아하는 생선이다. 그러나 청어는 먼 바다에서 잡히기 때문에 싱싱한 청어를 먹기가 쉽지 않았다. 그런데 언제부턴가 살아있는 청어가 대량으로 공급되기 시작했다. 그 비결은 청어를 운반해오는 수조에 천적인 메기를 함께 넣은 데 있다. 청어들은 메기에게 잡혀 먹히지 않으려고 도망 다니고, 그런 생존의 몸부림이 청어를 살아있게 하는 원동력이 된 것이다."

토인비가 청어 이야기를 자주 언급했던 이유는 가혹한 환경이 문명을 낳고 인류를 발전시키는 원동력이었다는 자신의 역사 이론을 생생하게 전달하고 싶었기 때문이었다.

미꾸라지 양식장에 메기 몇 마리를 함께 넣는 것도 이와 같은 이치다. 이것을 **메기 효과**(Catfish Effect)라고 한다. 1993년 삼성 이건희 회장이 신경영을 내세울 때, 이 효과를 인용하면서 널리 알려졌다.

"논에 미꾸라지를 키울 때 한쪽 논엔 미꾸라지만 넣고, 다른 쪽 논엔 미꾸라지와 메기를 함께 넣으면 어떻게 될까? 메기를 넣은 쪽의 미꾸라지가 훨씬 더 통통하게 살이 찐다. 메기에게 잡혀 먹히지 않으려고 항상 긴장한 상태에서 활발히 움직였기 때문에 더 많이 먹고, 더 튼튼해진 것이다."

삼성의 신경영 이후 메기 효과는 기업의 경쟁력을 키우기 위해 적절한 위협과 자극이 필요하다는 경영 혁신의 핵심이론으로 자주 등장한다. 기업이 치열한 경쟁에서 생존하기 위해서는 긴장과 위기의식 같은 자극제가 필요하다는 논리다.

1998년 세계 1위의 유통기업 월마트가 국내에 진출했을 당시 한국의 토종 마트들이 고전할 것이라고 모두가 예상했다. 글로벌 경쟁력에서 월등한 월마트가 당연히 유통시장을 장악할 것으로 전망했지만 결과는 정반대였다. 오히려 이마트가 월마트 한국매장을 인수했다. 월마트, 즉 메기한테 지지 않기 위해 철저하게 한국 소비자의 취향에 맞추고 차별화된 서비스를 제공한 미꾸라지 이마트의 생존 노력 덕분이다.

2014년말 글로벌 가구 공룡 이케아가 국내에 1호점 매장을 열자 국내 가구산업이 초토화될 것이라면서 국내 가구업계에 초비상이 걸렸다. 저렴한 가격에 세련된 디자인, 다양한 제품군을 갖춘 데다 단순히 가구를 파는 것이 아니라 공간별로 어울리는 가구와 소품의 조합을 제시하며 '라이프 스타일을 판다'는 새로운 개념을 앞세운 것이 두려웠다.

그래서 이케아가 국내에 진출하기 몇 년 전부터 국내 가구회사들은 품질, 디자인, 가격 등 경쟁력을 강화하고 생활소품을 확대하며 아케아의 약점을 파고들었다. 가구업체가 직접 배송과 조립을 다 해주고, 도심에 대형 매장을 열어 소비자의 접근성을 키웠다. 이케아의 실용성에 맞서 프리미엄 전략을 추구하고 온라인과 모바일 매장을 오픈하여 유통망도 확장했다.

당초 이케아 때문에 위기를 맞을 것이라는 예상과 달리 국내 가구업체의 경쟁력이 살아나고 있다는 것이 대체적 평가다. 앞으로 미꾸라지인 국내 가구업계와 메기인 글로벌 기업 이케아의 대결에서 누가 최후의 승자가 될지, 아니면 서로 공존하게 될지 자못 궁금해진다. 과거 일본에 진출했던 이케아가 철수했던 경험이 있기 때문이다. 일본은 우리나라와 생활패턴이나 유통구조가 비슷해서 참고가 될 수 있다. 이케아는 1974년 일본에 첫 매장을 열었지만 10여 년 후인 1986

년에 사업을 접었다. 하지만 2006년에 일본 시장에 다시 도전하여 2015년 현재 8개 점포를 운영 중이다.

뜨거운 물에 들어간 개구리는 바로 튀어나오지만, 서서히 뜨거워지는 물에 들어간 개구리는 결국 죽고 만다. 현실에 안주하고 변화를 거부하는 기업은 언제 사라질지 모른 채 생명을 잃어간다. 끊임없이 도전하고 창의적으로 혁신하는 기업만이 생존하고 발전할 것이다.

뷰자데와 역발상

익숙한 것도 낯설게 보라

데자뷰(De ja vu)는 처음 보는 것인데 어디선가 본 듯하거나, 처음 하는 일을 예전에 이미 한 것처럼 느끼는 현상을 가리키는 심리학 용어다. 데자뷰는 프랑스어로 '이미 본(already seen)'이라는 뜻이다. 1900년 프랑스 의학자 플로랑스 아르노(Florance Arnaud)는 이러한 현상을 과거에 망각한 경험이나 무의식에서 비롯된 기억의 재현이라고 최초로 규정했다.

데자뷰라는 용어를 처음 사용한 사람은 초능력 현상을 연구하던 프랑스 의사 에밀 보이락(Emile Boirac)이다. 그는 뇌의 신경화학적 이유 때문에 이러한 현상이 발생하는 것이라고 주장했다.

그런데 어느 날 **뷰자데**(Vu ja de)라는 이상한 용어가 등장했다. '데자뷰(De ja vu)'를 거꾸로 쓴 신조어다. 이는 항상 접하는 익숙한 상황이지만 처음 접하는 것처럼 낯설게 보는 것을 말한다. 이 용어는 미국 스탠포드 대학의 경영학 교수 로버트 서튼(Robert Sutton)이 그의 저서 《역발상의 법칙(Weird ideas that work)》에서 처음 사용했다.

그는 데자뷰의 반대 개념으로 뷰자데형 사고방식, 즉 **역발상**이야말로 혁신에서 가장 필요한 요소 중 하나라고 강조했다. 과거에 이미 수백 번 경험한 것도 마치 처음 경험한 것처럼 새로운 관점에서 보고 느끼라는 것이다. 이때 창의적 아이디어가 나온다. 결국 남과 다른 방법으로 접근하여 혁신에 이르게 된다.

역발상의 사례를 찾아보자. 19세기에 많은 사람이 일확천금의 꿈을 안고 미국 서부로 몰려들었지만 금을 캐서 큰돈을 번 사람은 없었다. 그러나 이들에게 천막용 천을 뜯어서 청바지를 만들어 판 사람은 많은 돈을 벌었다. 유명한 청바지 브랜드 리바이스의 이야기다.

일본의 아오모리 현은 사과로 유명하다. 어느 해에 태풍이 잇따라 들이닥쳐 사과의 90%가 떨어졌다. 농민들은 소득의 90%가 날아가 버려 낙담하고 있었다. 이 때 한 농부가 기막힌 역발상을 했다. 큰 태풍에도 견딘 특별한 사과라면서 '합격사과'라는 이름으로 일반 사과의 10배가 넘는 가격으로 수험생과 학부모에게 판 것이다. 합격사과는 날개 돋친 듯 팔렸다. 아오모리 현의 농민들은 풍작 때 보다 오히려 더 많은 수입을 올릴 수 있었다.

흔히 와인은 오래 될수록 맛있고 비싸다고 한다. 그런데 갓 수확한 햇포도로 만든 와인 '보졸레 누보'는 오랜 시간 숙성되지 않았다는 치명적 단점을 오히려 '신선하다'는 강점으로 승화시키고 저렴한 가격으로 대중성을 확보했다.

보통 껌이라고 하면 잠자기 전에는 씹지 않는 것이 상식이었다. 그런데 '자기 전에 씹는 껌', '치과의사가 추천하는 충치 예방 껌'이라는 콘셉트로 히트 친 상품이 있다. 바로 자일리톨 껌이다. 껌에는 설탕 성분이 들어가 있어 충치가 생기기 쉽다는 고정 관념을 깨뜨린 아이디어 상품이다.

IMF 외환위기 당시에 많은 기업이 문을 닫고 많은 사람이 거리로 내몰렸다. 어떤 중고 외제차 딜러도 파산의 위기에 처해 있었다. 한 대도 팔지 못하고 재고는 쌓여만 갔다. 여기서 그는 기발한 생각을 해냈다. 중고차를 다시 미국에 팔자는 역발상이었다. 외제차 역수출에 나선 그의 뷰자데형 사고방식은 큰 성공을 거뒀고 여세를 몰아 유럽, 중남미까지 진출했다.

더운 나라에서 모피코트를 팔고, 추운 나라에서는 에어컨을 파는 기업 이야기는 흔한 역발상의 사례다. 큰 일이 아니라 작은 일이라도 뒤집어서 생각해 보면 새로운 아이디어를 구할 수 있다. 매일 보는 것도 낯설게 보면 좀 더 좋은 방법을 찾을 수 있다. 매일 반복되는 일도 다르게 생각하면 새로운 길이 보이게 된다.

39

암묵지와 지식 경영

지식은 공유할 때 힘을 발휘한다

하루가 다르게 급변하는 세상 속에서 자신을 보호하고 생존하기 위해 경쟁력을 확보하도록 도와주는 원천은 바로 지식(Knowledge)이다. 영국의 철학자 마이클 폴라니(Michael Polanyi)교수는 지식을 크게 두 가지로 나누었다.

하나는 **형식지(形式知, Explicit Knowledge)**다. 학교나 책을 통해서 얻을 수 있고 객관적이고 이성적인 지식이다. 이는 다른 사람에게 말이나 글로 손쉽게 전달할 수 있다. 우리가 흔히 지식이라고 일컫는 것은 대부분 형식지다.

이제 막 회사에 입사한 신입사원은 일정기간 동안 입문교육을 받게 된다. 여러 권의 두툼한 교재와 함께 이론교육과 현장실습을 수료한다. 교재의 내용을 공부하듯이 숙지하고 사내외 강사들의 강의를 통해서 생생한 애기를 전해 듣는다. 회사 선배들이 지도하는 실습이나 체험교육을 통해서도 많은 것을 배우게 된다. 이런 모든 교육과정이 바로 형식지를 배우는 과정이다.

다른 하나는 **암묵지(暗默知, Tacit Knowledge)**다. 인간의 몸과 두뇌에 체화되어 있는 대단히 주관적이고 개인적인 지식이다. 이는 말이나 글로써 좀처럼 표현하기 힘들지만, 현장에서 큰 힘을 발휘한다. 그 이유는 암묵지가 오랜 현장 경험과 연륜을 통해 터득한 보이지 않는 기술과 노하우이기 때문이다.

입문교육을 마친 신입사원은 각자 현업부서에서 일정기간 동안 OJT(On the Job Training)교육을 받는다. 직장인으로서 본격적으로 첫걸음을 떼는 것이다. 선배로부터 하나하나 배우고 익히며 직무능력을 향상시킨다. 업무 경험이 조금씩 쌓이면서 매뉴얼과 프로세스에는 적혀 있지 않지만, 꼭 알아야 되는 스킬과 요령을 자연스럽게 터득하게 된다. 시행착오를 겪으면서 점점 능숙해지고 스스로 노하우를 체득하게 되는 것이다.

이와 같이 형식지와 암묵지는 부단한 학습과 경험을 통해 한 데 어우러져야 온전한 지식을 갖추었다고 말할 수 있다. 쉽게 얻을 수 없기 때문에 그만큼 의미 있다. 여기에 삶의 지혜가 더해지면 어떤 혼란과 위기가 닥쳐와도 슬기롭게 이겨낼 수 있을 것이다.

기업이 살아남기 위해서는 경쟁력을 확보해야 하는데, 이는 모든 직원의 지식에 의해 좌우된다. 문서, 이미지, 영상 등 기록과 자료의 형식지도 중요하지만, 오랜 경험과 노하우가 축적된 암묵지가 경쟁 기업보다 우위에 있어야 한다.

지식은 하루아침에 생기지 않는다. 오랜 시간 동안 축적된 지식을 끊임없이 업데이트하고 새로운 지식을 창조하여 혁신을 이끌어내야만 기업의 장기 성장과 발전을 도모할 수 있다.

'현대 경영학의 아버지'로 불리는 피터 드러커(Peter F. Drucker)는 **"지식 경영(Knowledge Management)**이란 일하는 방법을 개선하거나 새롭게 개발하여 기존의 틀을 바꾸는 혁신을 통해 부가가치를 높이는 것"이라고 정의 내렸다.

3M의 한 연구원이 강력한 접착제를 개발하려고 노력했지만, 실패하고 말았다. 그가 만든 접착제는 잘 붙기는 했지만, 쉽게 떨어졌다. 실패에서 배우는 조직 문화를 가지고 있는 3M은 이 실패 사례를 문서로 남겼다.

몇 년 후 어느 일요일, 한 직원이 교회 성가대에서 노래를 부르다 찬송가 책갈피에 끼워둔 종이쪽지가 자꾸 빠지는 바람에 애를 먹었다. 이 때 '잘 붙고 잘 떨어지는 접착제'가 있으면 좋겠다는 생각이 들었다.

다음날 회사에 출근한 그는 과거에 실패했던 접착제를 찾아내어 종이쪽지에 발라 보았다. 책갈피에 쉽게 붙었고, 떼어내도 자국이 전혀 남지 않았다. 대만족이었다.

이렇게 우연한 기회에 포스트잇은 탄생하였고 3M의 최대 히트 상품 중 하나가 되었다. 실패 사례를 기록으로 남기고, 그것을 활용하여 신상품 개발에 성공한 지식 경영의 극적인 사례라 할 수 있다.

IT 기술을 바탕으로 등장한 지식 경영은 21세기 지식경제 시대를 맞이하여 일반화되고 있다. 회사 직원 모두가 개인의 지식과 경험, 즉 형식지와 암묵지를 사내 인트라넷을 통해 공유함으로써 회사 전체의 문제 해결 능력이 비약적으로 향상되고 있다.

1990년대에 접어들면서 위기에 처한 IBM은 대규모 인원 감축과 함께 구조조정을 통해 경영정상화를 이뤄냈다. 그러나 많은 직원을 내보낸 후 그들이 갖고 있던 지식이나 경험, 그리고 고객과의 관계도 함께 빠져나가면서 또 다른 문제에 부닥쳤다.

이때 IBM은 지식 경영의 중요성을 절실히 느끼고 지식 경영을 본격적으로 도입했다. IBM은 먼저 지식 경영의 핵심을 '지식의 재활용'으로 정하고, 기존 지식의 활용도를 높이고자 했다. 그 일환으로 사내 인트라넷을 통해 회사의 모든 지식과 정보를 전사적으로 공유할 수 있도록 만들어 위험한 고비를 넘겼다. 팀워크를 강조하는 IBM의 기업 문화도 지식 경영이 성공하는 데에 중요한 요소로 작용했다.

빅데이터를 활용한 경영방식도 지식 경영이라 할 수 있다. 과거 오래 전부터 금융기관이나 유통업체는 수많은 고객관련 데이터와 정보를 경영에 이용했다. 최근에는 모든 기업이 IT기술을 통해 빅데이터를 수집하고 조사, 분석하여 경영전략이나 사업계획에 반영함으로써 큰 성과를 내고 있다. 바야흐로 빅데이터 지식 경영의 붐이 일고 있는 것이다.

결국 기업의 경쟁력이란 회사와 직원의 지식에 근거한 판단력과 잠재력이 얼마나 뛰어난지에 비례한다. 나아가 기업경쟁력이 끊임없이 이어지느냐의 여부는 이러한 지식이 얼마나 효과적으로 관리되고 재활용되며 기업 내에 무형의 자산으로 계속 남아 있느냐 없느냐에 달려 있다.

40

메디치 효과와 잡스 신드롬

스티브 잡스처럼 교류하고 융합하라

메디치 효과(Medici Effect)는 서로 관련 없는 것이 융합해 뛰어난 작품을 만들거나 새로운 아이디어를 창출해 내는 것을 말한다. 이는 15세기 이탈리아 피렌체의 메디치 가문의 후원 하에 예술가, 철학자, 과학자, 시인 등 다양한 분야의 전문가가 모여 서로 교류하면서 전혀 다른 역량의 융합을 통해 창조와 혁신을 이끌어 낸 데서 유래했다. 중세시대의 폐쇄성을 뛰어넘는 메디치 가문의 막강한 힘과 전폭적 지원으로 다양한 사람과 서로 다른 문화가 만나고 마침내 화려한 르네상스 시대가 열리게 되었다.

메디치 효과를 대표하는 인물은 미켈란젤로다. 조각가이자 건축가, 화가, 시인이었던 그는 청년 시절 메디치 가문에서 철학자, 역사가, 과학자 등과 만나면서 위대한 명작을 후세에 남겼다.

동시대의 레오나르도 다빈치 역시 밀라노 스포르차(Sforza) 가문의 후원으로 르네상스 시대에 이탈리아를 대표하는 천재적 미술가, 과학자, 기술자, 사상가가 되었다. 15세기 르네상스 미술은 그에 의해 완벽에 이르렀다고 평가받는다.

경영학에서 메디치 효과는 서로 관련 없을 것 같은 이종 간의 다양한 분야가 서로 교류하고 융합함으로써 독창적 아이디어를 창조하거나 새로운 시너지를 창출하는 것을 말한다. '1+1'이 '3' 이상의 효과를 내는 **시너지 효과**(Synergy Effect)와 같은 의미라고 할 수 있다.

그러면 메디치 효과를 극대화하기 위해서는 어떻게 해야 할까?

첫째, 서로 다른 분야 간에 장벽을 허물어야 한다. 전자 공학자가 법을 배운다거나 심리학 전공자가 범죄학을 공부하는 식으로 학습의 다원화와 업무능력의 다각화가 필요하다.

둘째, 낯설고 불편한 환경을 일부러 조성해야 한다. 익숙하지 않은 환경과 분위기에 속에서 뜻밖의 아이디어와 통찰력을 얻을 수 있기 때문이다.

셋째, 많은 아이디어를 내놓기 위해 노력해야 한다. 수많은 혁신가가 엄청나게 많은 아이디어를 생각하고 실현했다. 피카소는 무려 2만여 점의 작품을 남겼고, 아인슈타인은 240여 편의 논문을 썼으며, 에디슨은 1,039건의 특허를 냈다. 아이디어의 양이 늘어나면 성공 확률도 높아진다.

넷째, 자신의 일에 끝까지 관심을 갖고 계속해서 동기 부여를 해야 한다.

다섯째, 실패의 가능성을 인정하고 위기를 즐겨야 한다.

아이팟, 아이패드, 아이폰 등 스티브 잡스가 이끌었던 애플의 세계적 히트 상품은 메디치 효과의 대표 상징물이다. 아이팟이 세상에 등장했을 때 전 세계인은 열광의 도가니에 빠졌다. 아이패드에 이어 아이폰의 연속적 대히트는 **잡스 신드롬(Jobs Syndrome)**이라고 불릴 만큼 가히 혁명적이었다.

스티브 잡스가 세상을 떠난 지금, 애플의 명성이 꾸준히 지속될 것으로 보는 낙관적 예측과 과거와 같은 혁신을 기대하기 어렵다는 비관적 전망이 공존하고 있다. 그러나 애플의 후임 경영자가 잡스의 천재성을 대체할 수 없다는 사실만큼은 틀림없다. 그러므로 또 다른 천재가 탄생하기를 기다리는 수밖에 뾰족한 수가 없어 보인다.

우리나라에 인문학 열풍이 거세게 불게 된 계기 중 하나는 첨단 기술만으로는 절대 만들어 낼 수 없는 애플의 혁신제품 등장 때문이었다. 전 세계인은 애플 제품의 탄생 배경과 원동력이 무엇인지 궁금해 했다. 스티브 잡스는 기술과 인간의 만남을 창조해 낸 천재였다. 그 창조의 원천은 바로 인문학과 예술 탐구에 있었다. 그 후로 IT업계는 철학이나 역사 전공자를 채용하고 직원에게는 인문학 독서를 권하고 있다.

지금 이 순간에도 창조와 혁신의 바람은 거세게 불고 있다. 잠깐

유행하다가 마는 일시적 트렌드가 아니다. 미래에 기업이 살아남기 위한 생존전략이자 성공철학이다. 바쁜 와중에도 직장인이 인문학, 즉 문사철(文史哲)에 관심을 꾸준히 기울여야 되는 이유이기도 하다. 창조와 혁신은 하루아침에 탄생하지 않는다.

41

죄수의 딜레마와 생존 경쟁

이기적 선택은 언제나 유리할까?

게임 이론이란 한 사람의 행위가 다른 사람의 행위에 영향을 미치는 전략적 상황에서 의사 결정이 어떻게 이루어지는지를 연구하는 이론이다. 대표적인 것으로 **죄수의 딜레마**(Prisoner's Dilemma)가 있다. 이는 두 사람의 이익이 서로 상반되는 상황에서 각자의 이기적 선택이 두 사람 모두에게 더 나쁜 결과로 나타날 수 있다는 이론이다.

예를 들면 이렇다. 두 명의 공범이 경찰에 붙잡혔다. 이들이 범행을 자백하지 않기로 한 약속을 끝까지 지키면 둘 다 가장 약한 처벌인 1년 징역을 살면 된다. 한 쪽이 먼저 자백하면 자백한 쪽은 무죄로 풀려나는 반면, 다른 한쪽은 10년 징역에 처해진다. 양쪽 다 자백하면 모두 징역 5년이다. 가장 좋은 선택은 둘 다 침묵을 지켜 징역 1년만 살고 나오는 것이다.

		죄수 B	
		침묵	자백
죄수 A	침묵	A : 1년 징역 B : 1년 징역	A : 10년 징역 B : 무죄
	자백	A : 무죄 B : 10년 징역	A : 5년 징역 B : 5년 징역

하지만 실제로는 그렇게 되지 않는다. 이런 상태에서는 항상 배신 전략(자백)을 선택하기 때문이다. 결국 자기만 침묵을 지키면 혼자서 중벌을 받게 될까봐 두 명 모두 자백하여 징역 5년을 살게 된다. 이렇듯 죄수의 딜레마는 각자 최선의 선택을 하지만, 결국 둘 다 손해를 보고 마는 상황을 일컫는 이론이다.

죄수의 딜레마는 미국 군사전략 분야의 싱크탱크인 랜드연구소가 1950년에 고안했다. 2차 세계대전 이후 미국과 소련의 군비 경쟁이 심각하던 당시의 상황을 반영한 모델이었다. 이 모델에서 설명하고 있는 것처럼 결국 미국과 소련은 끝없는 군비 경쟁으로 치닫고 말았다.

죄수의 딜레마는 이제 경제, 사회, 심리, 법, 제도 등 다양한 분야에서 등장하고 있다. 예컨대 입찰업체간 가격 경쟁을 유도하는 최저입찰제나, 입찰업체간 사전 합의로 입찰가격을 올리는 담합 행위는 죄수의 딜레마를 이용한 것이다.

한편 기업이 서로 짜고 가격이나 생산량을 조정하는 불공정 담합을 깨기 위해 죄수의 딜레마를 역이용하기도 한다. 바로 리니언시(Leniency, 관용 · 자비) 제도, 즉 자진신고자 감면제도다. 이는 담합 행위를 자진 신고하거나 정부 조사에 협조하는 경우, 과징금을 면제 또는 감면해 주는 제도다. 먼저 담합 행위에 대한 증거를 제시한 업체는 과징금을 100% 면제해 주고 두 번째 업체는 50%를 감면해 준다. 이 경우에 담합 기업은 죄수의 딜레마에 빠지게 된다. 물론 서로 비밀을 지키며 협력하면 담합을 계속 유지할 수 있다. 하지만 신뢰가 무너질 조짐이 보이면 먼저 등을 돌리는 쪽이 유리하게 된다.

국내 이동통신회사 간에 신규가입자를 늘리기 위한 보조금 지급 경쟁이나 엄청난 광고물량 공세 역시 죄수의 딜레마를 잘 드러낸다. 과도한 출혈 경쟁으로 이익은 줄고, 가입자 유치는 제자리걸음인데도 이를 중단하지 못하는 이유는 뒤로 물러서는 순간 경쟁 통신사로 가입자가 대량으로 빠져나갈 것을 염려하기 때문이다. 어느 한 이동통신회사가 가입자를 1명 늘리면 다른 이동통신회사의 가입자가 1명 줄어드는 이른바 '제로섬 게임(Zero-sum Game)'에 빠진 것이다.

그런데 이동통신 3사가 서로 이용요금을 담합하다가 공정위에 적발된 적이 있다. 각 사별로 3개월씩 광고와 마케팅 제한 조치를 당했다. 신규가입자를 늘리지 못하게 한 것이다. 그런데 이상하게도 증권시장에서 이동통신 3사의 주가가 올랐다. 수백억 원의 마케팅 비용이 줄어들어 오히려 회사의 수익성이 개선될 것으로 봤기 때문이다.

죄수의 딜레마에 빠진 이동통신사들은 서로 광고를 자제하고 보조금을 줄이면 이익이 늘어날 텐데도 경쟁회사를 의식해 막대한 돈을 쏟아 붓는다. '시장점유율을 높일 것인가?, 수익을 개선할 것인가?' 회사 입장에서는 참으로 선택하기 어려운 문제다.

42

치킨 게임과 기업의 선택

너 죽고 나 죽자? 이길 수 없으면 피하라

치킨 게임(Chicken Game)이란 어느 한 쪽이 양보하지 않을 경우 양쪽이 모두 파국으로 치닫게 된다는 극단적 게임이론이다. 원래 치킨 게임은 1950년대 미국 젊은이들 사이에서 유행하던 자동차 게임의 이름이었다. 이 게임은 한밤중에 도로의 양쪽에서 두 명의 경쟁자가 자신의 차를 몰고 정면으로 돌진하다가 충돌을 피해 먼저 핸들을 꺾는 사람이 지는 경기다. 핸들을 꺾은 사람은 겁쟁이, 즉 치킨으로 몰려 명예롭지 못한 사람으로 취급 받는다. 그러나 어느 한 쪽도 핸들을 꺾지 않을 경우 게임에서는 둘 다 승자가 되지만, 결국 목숨을 잃게 된다.

이 말은 1950~1970년대 미국과 소련 사이의 극심한 군비 경쟁을 꼬집는 말로 차용되면서 국제정치학 용어로 널리 알려졌다. 오늘날에는 정치학뿐 아니라 국가 간 산업 대결, 기업 간 경쟁이 극단으로 치닫는 상황을 가리킬 때 자주 인용된다.

과거 D램 메모리 반도체의 무한생산경쟁이 벌어졌던 세기의 대결이 치킨 게임의 대표적 사례다. 2008년부터 삼성전자와 하이닉스, 일본 엘피다, 미국 마이크론, 독일 인피니온, 대만 이노테라 등이 치킨 게임을 벌였다. 공급 과잉과 가격 폭락으로 삼성전자의 2008년 3분기 영업이익률은 0%가 됐으며, 하이닉스는 −28%, 마이크론은 −35%, 이노테라는 −39%를 각각 기록했다. 당시 세계 메모리 반도체시장의 선두업체였던 우리나라의 두 회사와 나머지 전 세계 반도체 회사 간에 벌어진 치킨 게임의 승리는 결국 삼성전자와 하이닉스에게 돌아갔다.

그때 일본, 대만, 독일, 미국의 많은 경쟁회사들은 파산하거나 합병되는 운명을 맞이했다. 2012년 미국의 마이크론이 일본의 엘피다를 합병하여 세계 메모리 반도체시장은 삼성전자가 독주하고 하이닉스와 마이크론이 추격하는 1강 2중 체제를 구축하게 되었다. 현재는 우리나라의 두 회사가 세계 D램 메모리 반도체시장을 지배하고 있다고 해도 과언이 아니다.

그러나 최근 '반도체 굴기'를 꿈꾸며 대규모 투자를 벌이고 있는 중국기업이 새로운 다크호스로 등장했다. 또다시 반도체 치킨 게임이 벌어질 것으로 전망하고 있다.

치킨 게임에서 상대가 강자일 때 약자가 살아남는 방법은 약자끼리 합종연횡 하여 살길을 모색하는 것이다. 그래도 안 된다면 손자병법서 '36계'에서 맨 마지막에 나오는 최후의 계책 '주위상(走爲上)'을 쓰면 된다. 이길 수 없으면 피하라는 말이다.

1969년에 설립한 미국 반도체회사 인텔(Intel)은 1980년대 일본 경쟁업체들의 저가 공세에 메모리시장을 과감하게 포기하고 비메모리시장에 집중하였다. 지금까지 이 회사는 세계 반도체시장의 절대 강자로 군림하고 있다. 인텔의 과감한 선택과 집중 전략은 36계의 마지막 36번째 계책, 속칭 줄행랑의 대표적 성공 사례다. 반면, 일본의 반도체회사들은 한국회사들과의 치킨게임에서 속절없이 무너져버렸다.

이처럼 치킨 게임에서 생존하기 위해 자동차 핸들을 꺾는 일을 비겁하다고 손가락질 할 사람은 아무도 없을 것이다. 오직 결과만이 선택의 당위성을 증명할 뿐이다.

43

성공의 함정과 창조적 혁신

한번은 성공할 수 있지만, 계속 성공하기는 어려운 법

"이집트 수에즈 운하를 성공적으로 건설한 프랑스 외교관이자 엔지니어인 페르디낭 드 레셉스는 1880년 파나마 운하를 건설하기 시작했다. 그는 지형과 기후가 전혀 다른 파나마에서도 이집트 방식만을 고집했다. 중남미에는 풍토병이 있었고, 일꾼을 구하기도 훨씬 힘들었는데도 말이다.

가장 문제가 된 것은 운하의 형태였다. 그는 수에즈 운하처럼 해수면과 같은 높이의 파나마 운하를 구상했다. 하지만 대서양과 태평양의 해수면 높이가 20피트나 차이가 나기 때문에 이는 애초부터 실현 불가능한 계획이었다. 운하를 만들기 위해서는 수면을 인위적으로 조절하는 도크 시스템이 필수였다. 그러나 끝내 이를 고려하지 않은 레셉스는 결국 참담하게 실패하고 말았다. 과거의 성공에 집착했기 때문이다."

성공의 함정(Success Trap)이란 이처럼 과거의 경험이나 성공 전략에 사로잡혀 급변하는 시장의 요구에 부응하지 못하고 몰락해가는 현상을 일컫는다. 미국 하버드대학교의 심리학자 엘렌 랭거(Elen Langer) 교수가 처음 제시한 개념으로 개인뿐 아니라 경제와 경영분야에서 많이 쓰이는 용어다.

기업이 성공의 함정에 빠지는 것은 대체로 다음과 같은 때이다. 첫째, 기업이 과거의 성공 경험에 집착해 시장의 변화를 제대로 파악하지 못할 때. 둘째, 설사 알고 있더라도 과거의 전략으로 충분히 극복할 수 있다고 믿고 의도적으로 변화를 외면하며 대처하지 않을 때. 셋째, 과거에 기업의 성공을 주도적으로 이끌었던 조직 구성원이 새로운 전략을 알면서도 자신의 힘과 지위를 유지하기 위해 과거의 전략만을 고수할 때다.

1980년대 중반까지 명실상부한 세계 최고 기업이었던 미국의 IBM은 자신의 성공을 이끈 기업용 대형 컴퓨터사업에 집착했다. 당시 각 가정에 컴퓨터가 한 대씩 보급될 것이라고는 상상조차 하지 못했다. 하지만 이를 일찌감치 알아챈 마이크로소프트사는 개인용 컴퓨터시대의 강자로 떠올랐다. 반면 IBM은 몰락의 길을 걸었다.

1881년에 설립된 미국의 코닥은 롤필름과 일회용 카메라를 개발한 세계적 기업이었으나 지난 2012년에 파산했다. 그 이유는 1975년 디지털카메라를 세계 최초로 개발하고도 20년 동안 상품화시키지 않고 아날로그 필름사업에 집착했기 때문이다. 그러자 1990년대 후반 일본기업들이 디지털 카메라를 대량 생산하기 시작함으로써 필름카메라 시장이 급속도로 위축되어 코닥의 입지와 수익성은 악화됐다.

2011년까지 세계 휴대폰시장의 절대강자로 군림한 핀란드의 노키아는 2013년 결국 휴대폰 사업을 미국 마이크로소프트에 매각했다. 노키아는 1998년 모토롤라를 제치고 세계 1위 휴대폰기업으로 성장하여 핀란드의 경제에 이바지해서 핀란드의 국민기업으로 불렸다. 하지만 2007년 애플이 아이폰을 출시한 후, 세계 휴대폰 시장이 스마트폰 시장으로 급격히 재편되면서 노키아는 불과 몇 년 만에 무너지고 말았다. 노키아뿐만 아니라 핀란드 경제가 마이너스 성장을 할 만큼 타격이 매우 컸다.

그렇다면 기업이 성공의 함정을 극복하기 위한 방법으로 무엇이 있을까? 첫째, 시장 환경의 변화와 경쟁 기업들의 움직임에 대해 끊임없이 연구하고 분석해야 한다. 둘째, 조직 구성원이 과거의 성공 경험에서 벗어나 항상 위기의식을 가지고 지속적으로 혁신을 추구해야 한다. 셋째, 자사의 기존 핵심 역량도 과감히 포기할 수 있을 만큼 창조적 파괴가 이루어져야 한다.

혁신 기업으로 유명한 미국의 3M은 시장의 변화에 대응하여 높은 수준의 목표를 설정함으로써 직원의 창의력 발휘와 혁신을 이끌어 내고 있다. 과거 3M은 총 매출 중 25%는 최근 5년 이내 개발한 제품으로 구성되어야 한다는 '25% 룰'을 운영하였으나, 최근에는 '4년간 개발한 제품이 전체 매출액의 30%를 차지해야 하며, 이 중 10%는 최근 1년 이내에 개발한 제품이어야 한다.'로 목표를 상향 조정했다.

앞서 사례를 든 IBM은 90년대 초반 위기 상황을 겪으면서 기업용 대형 컴퓨터 사업에서 비롯된 기술과 하드웨어 중심적 사고를 버렸다. 그 대신 기업고객을 대상으로 한 통합 정보기술서비스에 집중해 고객과 서비스 중심의 기업으로 새롭게 변신하는 데 성공했다.

성공한 개인이나 조직은 자신의 과거 성공 경험을 하나의 공식처럼 만든다. 어떤 환경에서도 적용할 수 있는 마법을 찾아낸 것인 양 환호성을 지른다. 도저히 잘못될 것 같지 않던 개인이 추락하고, 영원히 잘 나갈 것 같던 조직이 몰락하는 이유가 바로 여기에 있다. 모두가 바뀐 환경에 제대로 적응하지 못한 탓이다.

한번 성공할 수는 있으나 계속 성공하기는 어려운 법이다. 자신감이 지나쳐 자만심에 빠지거나 오만해지지 않도록 항상 스스로를 경계하고 팽팽한 긴장감을 유지해야 한다. 더 성장하기 위해, 더 발전하기 위해 주변을 살펴보고 성공한 자신을 뛰어넘어야 한다. 그 길에는 파괴적 혁신, 창조적 혁신만이 있을 뿐이다.

44

집단 지성과 혁신 방법

왜 최고의 엘리트 집단이 어리석은 결정을 할까?

냉전이 고조되던 1961년 미국의 케네디 정부는 망명한 쿠바인 3,000명을 쿠바의 피그만에 상륙시켜 카스트로 정부를 전복하려 했다. 그러나 상륙한 3,000명 대부분은 현장에서 사살되거나 체포되었다. 문제가 많은 계획이었지만, 미국 정부 각료 회의에서 그 계획에 반대하는 사람은 아무도 없었다.

이렇게 엉터리 같은 계획이 아무런 반대 없이 실행된 것은 바로 집단사고의 결과라고 미국 예일대학의 심리학자인 어빙 재니스(Irving Janis) 교수는 일갈했다. 그는 **집단 사고(Groupthink)**를 응집력이 강한 집단의 구성원이 어떠한 현실적 판단을 내릴 때 만장일치를 이루려고 하는 사고의 경향이라고 정의했다. 의사결정 과정에서 나타나는 일종의 '집단 착각현상'이라고 할 수 있다.

쿠바의 피그스만 침공 사건이 실패로 돌아간 직후, 미국의 케네디 대통령은 “어떻게 내가 그렇게 바보 같을 수가 있었지?”라고 탄식했다고 한다.

왜 최고의 엘리트 집단이 어리석은 결정을 할까? 집단사고의 위험을 안고 있는 조직에는 공통적으로 세 가지 특징이 있다.

첫째, 자기 확신이 강한 리더가 존재한다. 리더가 처음부터 확고하게 자기주장을 하고 다른 의견을 무시한다.

둘째, 전문가에 지나치게 의존한다. 일반적으로 사람들은 전문가 혹은 담당자 의견이라면 동조화가 더 빨리 일어난다. 외부기관에 컨설팅을 의뢰하는 일은 바로 이런 이유 때문이기도 하다.

셋째, 구성원의 상호 유대감이 강하다. 유대감의 일종인 동질성은 욕구와 동기가 서로 같기 때문에 사고의 위험성이 높다.

집단 사고가 무조건 나쁜 것만은 아니다. 사소하고 일상적인 결정을 할 때는 시간을 절약할 수 있다. 문제는 중요한 결정을 내릴 때이다. 그룹 내의 화합을 깨지 않으려는 욕망 때문에 어리석은 결정을 내릴 위험이 높다.

그러면 집단 사고는 결코 피할 수 없는 것인가? 꼭 그렇진 않다. 해결 방법은 커뮤니케이션 방식에 있다. 재니스 교수는 집단 사고를 방지하기 위해 집단 구성원에게 집단 사고가 무엇인지 그 원인과 결과를 정확히 알려주고, 반대를 전담하는 역할을 한 명 이상에게 맡기는 등의 방법을 제시했다.

IMF 외환위기 때 우리나라 재벌이 순식간에 무너져 내린 것은 집단 사고와 무관하지 않다. 이들 그룹은 대부분이 총수를 정점으로 일사불란하게 움직여 왔다. 총수의 결정은 무조건 이행해야 했다. 총수 주변에 총수의 결정이 잘못된 것은 아닌지, 더 좋은 것은 없는지를 고민하는 직원은 없었다.

기업이 집단 사고의 위험에서 벗어나려면 순혈주의, 서열주의, 권위주의 같은 나쁜 관습을 버려야 한다. 정기 공채를 통해서만 계속 신입사원을 뽑으면 조직엔 기수 문화가 자리 잡게 된다. 그러면 선후배 간에 서열이 정해지고 후배가 선배의 판단과 결정에 이의를 제기하기 어려워진다. 이러한 폐쇄적 조직에 활력은 보이지 않는다. 똑같은 사람이 모여 똑같은 아이디어를 내고 똑같은 계획을 세우니 어쩌면 당연한 현상인지도 모른다.

글로벌 기업의 인사담당자는 가능하면 성향이 비슷한 사람을 뽑지 않으려고 한다. 다양성은 매우 중요한 인사 원칙 중 하나다. 외국 기업은 한국의 대기업처럼 한꺼번에 수백 수천 명을 뽑는 식의 공채를 하지 않는다. 그 이유는 다양성을 확보하기 어렵기 때문이다. 외국 기업은 인턴으로 일부를 뽑고 나머지는 경력자로 필요한 인력을 채우는 과정에서 자연스럽게 다양성을 확보한다.

결국 조직에 합리성이 뿌리를 내리려면 무엇보다 다양성이 존중되어야 한다. 합리성은 다양성 위에 성장한다. 가장 빠르고 효과 좋은 방법은 구성원의 다양성을 확보하는 것이다. 서로 다른 구성원이 조직 안에 있으면 같은 사안을 다양한 시각으로 보면서 다양한 의견을 내게 되어 최상의 결론을 도출할 수 있다. 따라서 성공 가능성도 커질 것이다. 잡종강세는 이런 배경에서 나온 말이다.

멘델의 유전법칙에 따라 잡종 교배로 태어난 잡종 1세대는 부모의 강점만을 닮아 여러 면에서 부모세대에 비해 우수하다. 이것을 **잡종 강세**라고 부른다. 반대로 동종끼리 근친 교배가 장기간 지속되면 열성 유전자의 발현으로 기형이나 저지능, 그리고 면역력이 낮은 열성 개체가 태어난다.

고려시대 몽골군이 일본 정벌을 위해 제주도에 들여온 종마는 몽골 초원을 누비던 최우량종이었지만, 오랜 세월 동안 외부 종자의 이식 없이 동종 교배를 계속하다 보니 지금과 같은 조랑말로 퇴화해 버렸다. 자연 생태계를 파괴하는 외래종으로 골칫거리였던 황소개구리가 갑자기 감소한 원인도 동일개체의 장기간 교배 때문인 것으로 밝혀졌다.

동종 교배가 집단 사고의 원리와 비슷하다면, 잡종 강세는 집단 지성과 비슷하다. **집단 지성(Collective Intelligence)**이란 다수의 개체가 서로 협력하거나 경쟁을 통해 얻게 된 집단의 지적 능력을 일컫는다. 집단 지성은 개체의 지적 능력을 넘어서는 힘을 발휘한다.

이는 미국의 곤충학자 윌리엄 휠러(William M. Wheeler)가 개미의 행동을 연구하여 제시한 개념이다. 그는 개미들이 협력하여 거대한 개미집을 만들어내는 것을 관찰한 결과, 개미는 개체로는 미미하지만 집단으로는 높은 지능체계를 형성한다고 주장했다.

집단 지성은 사회학이나 과학, 정치, 경제 등 다양한 분야에서 나타나고 있다. 대표적 사례로 인터넷 백과사전인 위키피디아를 꼽을 수 있다. 위키피디아(Wikipedia)는 지식과 정보의 생산자나 수혜자가 따로 없이 누구나 생산하고 공유하면서 계속 진보하는 집단 지성의 특성을 보여준다. 브리태니커백과사전보다 10배나 더 방대한 지식을 축적하였고 200여 개의 언어와 수백만 개의 카테고리를 가지고 있다. 영국의 저명한 과학저널 '네이처'에 따르면 오류 수준도 브리태니커와 별로 차이가 나지 않는다고 한다.

기업도 집단 지성을 적극적으로 활용하고 있다. **크라우드소싱(Crowdsourcing)**은 대중(Crowd)과 아웃소싱(Outsourcing)을 합성한 신조어로 '온라인에서 대중의 잠재능력을 이용하는 방법'을 의미한다. 기업이 상품 기획, 판매, 홍보 등의 과정에 소비자가 참여할 수 있도록 개방하고, 기업과 소비자가 수익을 공유하는 것으로 전통적으로 직원이 수행하던 일을 인터넷상의 불특정 다수에게 넘기는 방식을 일컫는다.

아마존의 창업자인 제프 베조스(Jeff Bezos) 회장은 고객을 활용하는 방법을 궁리한 끝에 자사의 홈페이지에 온라인 고객 서평란을 개설했다. 보수도 받지 않고, 회사의 통제도 받지 않는 가운데 수십만 명의 고객이 서평을 기고하여 아마존의 상품에 가치를 부여했다. 클라우드소싱의 최초 성공사례다.

'위키노믹스(Wikinomics)'의 저자 돈 탭스코트(Don Tapscott)는 똑똑한 소수가 경제를 이끌던 이코노믹스(Economics)의 시대가 끝나고, 다수의 집단 지성이 경제를 주도하는 위키노믹스(Wikinomics)의 시대가 열렸다고 선언했다.

그렇다면 기업이 집단 지성을 중요하게 생각해야 하는 이유는 무엇일까?

첫째, 혁신을 이끄는 천재는 극소수에 불과하며, 극소수의 천재마저 집단 지성보다는 못하기 때문이다. 리더십 전문가인 제프리 코헨(Jeffrey Cohen)은 "뛰어난 관리자 중 혁신가는 5~10%에 불과하고 어떤 전문가는 1%도 안 된다."고 말했다. 그러므로 천재를 찾기보다는 집단지성을 이용하는 것이 더 효율적이고 합리적인 선택이다.

둘째, 기업의 경영방식이 변화해야 될 만큼 세상이 급변하고 있기 때문이다. 이미 많은 경영학자가 '한 명의 천재가 전체를 먹여 살리는 일은 20세기 말에나 가능했다.'고 말하고 있다.

마지막으로 집단 지성은 소수의 리더들이 빠지기 쉬운 자기합리화나 함정, 오류 등을 막을 수 있기 때문이다.

끊임없는 창조와 혁신으로 제 4차 산업혁명이 도래하고 있는 시대에는 한 명의 천재보다 집단 지성이 더 큰 힘을 발휘할 것이다.

5

CHAPTER

사회와 함께 하는 직장인

인간은 사회적 동물이다. 사회에는 가족, 학교, 단체, 회사, 지역, 국가, 세계 등이 있다. 인간은 이렇게 여러 사회에 속해 살아간다. 함께 살아가는 존재이기 때문에 혼자 살아갈 수 없다. 따라서 우리는 어떻게 사는 것이 좋은 삶일까를 고민하기 전에, 먼저 어떤 사회가 좋은 사회일까를 고민할 필요가 있다.

직장인도 사회적 존재다. 직장인의 선택과 행동은 자신의 삶뿐만 아니라 다른 구성원에게 영향을 미친다. 회사 역시 구성원의 삶에 큰 영향을 끼친다.

그래서 직장인은 자기의 삶을 생각하기 이전에 회사를 위해서 무엇을 해야 할지를 먼저 생각해야 한다. 그리고 회사 안에서 자신의 삶과 보람을 찾아 조화를 이뤄야 할 것이다.

45

1만 시간의 법칙과 10년의 노력

누구나 1만 시간을 투자하면 성공할 수 있다

1만 시간의 법칙(The 10,000-hours Rule)은 특정 분야의 전문가가 되기 위해서는 1만 시간의 연습이 필요하다는 것을 말한다. 이 법칙은 캐나다 맥길대학의 심리학과 교수 다니엘 레비틴(Daniel Levitin)이 처음으로 주장한 이론에 근거를 두고 있다.

레비틴은 어릴 때부터 바이올린을 배우기 시작한 독일 베를린 뮤직아카데미 학생을 대상으로 연습시간을 조사했다. 그 결과 20살이 되었을 때 훌륭한 연주자로 인정받은 학생은 누적 연습시간이 1만 시간을 넘겼지만, 단지 좋은 학생이기만 했던 연주자는 8천 시간에 머물렀다는 사실을 밝혀냈다. 또 작곡가, 야구선수, 소설가, 스케이트 선수, 피아니스트 등 어떤 분야에서든 똑같은 사실을 확인할 수 있었다고 했다.

여기서 1만 시간은 하루 24시간 연습하는 것을 말하는 것은 아니다. 하루에 집중적으로 몰입하는 3시간, 일주일에 20시간씩 총 10년간 연습한 것을 말한다.

이 연구 결과의 핵심은 어느 분야에서든 최고의 수준이 되려면 타고난 재능의 크기가 어떻든 간에 최소한 1만 시간은 연습해야 뇌가 거기에 적응하고 한계를 넘어선다는 점이다.

이 법칙은 말콤 글래드웰(Malcolm Gladwell)의 책《아웃라이어(Outliers)》에 소개되면서 세상에 널리 알려졌다. 아웃라이어는 보통 사람의 범위를 뛰어넘는 비범한 사람을 일컫는 말이다. 그는 비틀스, 빌 게이츠 같은 아웃라이어들이 모두 1만 시간의 연습을 통해서 성공했다고 주장한다.

아웃라이어의 실제 사례는 국내에서도 얼마든지 찾아볼 수 있다. 2007년 세계 피겨 그랑프리 파이널에서 김연아 선수는 월등한 기량과 예술적 연기로 1위를 차지하여 전 국민에게 기쁨을 선사했다. 이어서 2010년 밴쿠버 동계올림픽에서는 환상적 연기와 기술로 세계신기록을 기록하며 한국 피겨스케이팅 역사상 첫 금메달을 목에 걸었다. 7세에 스케이팅을 배우기 시작한 지 10년 만에 세계 1등이 되어 1만 시간의 법칙을 증명해 보였다.

또 전 세계를 뒤흔들고 있는 K-POP 열풍의 성공은 어렸을 때부터 하루 10시간 이상씩 피나는 연습과 훈련을 거친 덕분이다. 엄청난 오디션 경쟁률을 뚫고 선발된 인기 아이돌의 탄생은 결코 우연이 아니다. 짧게는 몇 년, 길게는 10년 넘게 연습생 시절을 거친 후 탄생한 것이다.

힙합 아이돌 그룹 빅뱅의 지드래곤은 13살 어린 나이에 끼와 재능을 알아본 YG 엔터테인먼트에 선발됐다. 6년간의 엄격한 연습생 시절을 거쳐 춤과 노래뿐 아니라 작사, 작곡에 프로듀싱까지 가능한 수준에 올라섰다. 이미지만 포장한 아이돌이 아니라 자신의 음악세계를 창조하는 뮤지션으로 탄생한 것이다.

우리 주변을 살펴보면 한 분야에 10년 이상 몰입해서 달인의 경지에 오른 사람을 쉽게 만나볼 수 있다. TV에서 생활의 달인으로 나오는 사람들의 놀라운 능력을 보면 감탄사가 절로 나온다. 타고난 재주와 자질도 필요하겠지만, 오랜 시간 훈련과 연습을 한 결과라 할 수 있다.

회사에서도 마찬가지다. 신입사원으로 입사해서 10여 년의 세월이 지나면 중간간부로 성장한다. 기업의 중추적 역할을 맡는 핵심 인력으로 자리 잡는 것이다. 10여 년은 한 분야에서 전문가가 되기 위해 꼭 필요한 시간이다. 아무리 자질과 능력이 뛰어나도 긴 시간 동안 담금질의 과정을 거치지 않고서는 단단해질 수 없다.

누구나 1만 시간을 투자하면 성공할 수 있다는 1만 시간의 법칙을 실천하기란 꽤 어려운 일이다. 왜냐하면 1만 시간은 결코 짧은 시간이 아니기 때문이다. 중도에 포기하지 않는 인내심과 뼈를 깎는 노력이 필수다. 그러기 위해서는 먼저 자기가 하고 싶은 일, 자기가 잘 할 수 있는 일을 찾아야 한다. 적성에 맞고 재능을 확인할 수 있는 일을 발견한다면, 1만 시간의 연습 과정은 즐겁고 보람찰 것이다. 누구에게나 1만 시간의 법칙의 주인공이 될 수 있는 가능성은 열려 있다.

46

감성 지수와 리더의 조건

훌륭한 리더는 감성 지수가 높다

미국 UC버클리대학의 교육심리학자였던 아서 젠슨(Arthur Jensen)은 1980년 그의 저서 《지능 검사의 편견(Bias in Mental Testing)》에서 "사람의 IQ는 일정 수준 이상이 되면, 그 이상의 IQ는 실제 생활의 성공으로 연결되지 않는다."고 주장했다.

그는 **IQ(Intelligence Quotient 지능지수)**에 따라 사람들을 네 그룹으로 나눌 수 있다고 한다.

- IQ 50: 정상적 학교에 들어갈 수 있느냐 없느냐,
- IQ 75: 초등학교 과정을 이수할 수 있느냐 없느냐,
- IQ 105: 고등학교 정규과목을 성공적으로 습득할 수 있느냐 없느냐,
- IQ 115: 4년제 대학에 들어가 전문적 공부를 할 수 있느냐 없

느냐로 나뉜다.

결론적으로 IQ가 115를 넘어서면 지능 지수는 성공의 척도나 성취의 판단 요소로 그다지 중요하지 않고 오히려 성격, 인격 등의 자질이 훨씬 중요하다고 그는 주장했다.

이와 같은 의미에서 영국의 심리학자 리암 허드슨(Liam Hudson)은 사람의 IQ가 120이 넘으면 IQ가 성공에 미치는 직접적 영향력이 크게 줄어든다고 주장한다.

비유해서 설명하자면 키가 160cm인 사람이 프로 농구선수가 될 가능성은 희박하지만, 일단 190cm가 넘으면 2m가 넘는 사람과 비교했을 때 키가 프로농구 선수로서의 성공 여부에 직접적 관계가 없다는 것이다. 실제로 농구 황제 마이클 조던의 키는 198cm였다.

지능 검사(IQ 테스트)는 1905년 프랑스 심리학자인 알프레드 비네(Alfred Binet)가 고안했다. 당시 지능 검사의 목적은 선천적 지능을 테스트 하는 것이 아니라 학습 불능 어린이나 정신지체아를 식별하기 위한 것이었다.

그러다가 1916년 미국 스탠퍼드 대학의 심리학 교수 루이스 터먼(Lewis Terman)이 정신 연령을 실제의 생활 연령으로 나눈 수치에 100을 곱하여 지능 지수(IQ)를 구하는 스탠퍼드-비네(Stanford-Binet) 방식을 선보였다. 그 후 언어력, 수리력, 추리력, 공간지각력 등 네 가지

하위요소로 구성한 미 육군의 필기식 집단지능 검사가 현대식 지능 검사의 원형이 되었다.

결국 최초 고안자인 비네의 아이디어는 미국으로 건너가 인종차별적 유전 결정론과 사회적 서열화에 쓰이는 도구가 된 셈이다.

그래서일까. IQ 검사가 실제로 별 의미가 없음을 보여주는 증거들이 자꾸 나타나고 있고, 지능 검사 결과를 신뢰할 수 없다는 여러 학자의 의문 제기가 끊임없이 이어지고 있다.

1983년 미국 하버드대학의 심리학 교수 하워드 가드너(Howard Gardner)는 인간의 지적 능력은 서로 독립적이며 여러 유형의 능력으로 구성된다는 **'다중 지능 이론(Multiple Intelligence Theory)'**을 발표했다. 지능 검사만으로는 인간의 모든 영역을 판단할 수 없다는 것이다.

가드너 교수에 따르면 인간의 지능은 음악 지능, 신체운동 지능, 논리수학 지능, 언어 지능, 공간 지능, 인간친화 지능(대인 관계), 자기성찰 지능(자기 이해), 자연친화 지능(자연 탐구)의 독립된 8개 지능으로 이루어져 있으며, 각각의 지능이 조합됨에 따라 개인의 다양한 재능이 발현된다. 모든 분야에 뛰어난 천재보다는 각 분야에서 수많은 천재가 등장하는 것은 이런 이유에서라고 한다.

한편 미국 플로리다 주립대학의 심리학자 리처드 와그너(Richard Wagner)는 "지능지수와 직업적 성공 사이에는 큰 연관성이 없다."고 주장하였다. 그는 그 근거를 이렇게 설명했다. "지능지수는 다른 사람과 협력하는 능력처럼 일반적 요소를 반영하지 못한다. 학업 성적은 전적으로 개별적 능력을 평가할 뿐이다. 시험을 보면서 다른 사람과 협력하면 커닝이 되지만 직장에서는 모든 일을 다른 사람과 함께 해야 한다."

그리고 미국 예일대학의 심리학 교수 로버트 스턴버그(Robert Sternberg)는 "우리는 지능을 측정하는 방법을 안다. 하지만 무엇이 측정되는지는 알지 못한다."고 일갈했다.

세계적 심리학자이자 경영사상가인 대니얼 골먼(Daniel J. Goleman)은 1995년에 출간한 **감성 지능(Emotional Intelligence)**에서 "IQ보다 EQ가 중요하며, EQ는 학습을 통해 계발할 수 있다."고 주장했다. **EQ(Emotional Quotient, 감성 지수)**란 자신과 타인의 감정을 잘 이해하고 조정함으로써 원만한 인간관계를 만드는 역량, 즉 마음의 지능지수를 일컫는다. 사람이 얼마나 영리한지, 전문지식이 얼마나 많은지 뿐 아니라 나와 상대방의 감정을 얼마나 잘 조율할 수 있는지가 중요하다는 의미다.

지속적으로 높은 성과를 내는 리더의 공통점은 바로 감성 지수가 높다는 것이다. 감성 지수가 높은 사람은 조직 생활에 적응력이 뛰어나고 좋은 팀워크를 형성하여 탁월한 리더십을 발휘할 수 있다. 따라서 높은 지위에 올라갈수록 지적 능력 보다 감성 지능이 더욱 중요해질 수밖에 없다.

47

바넘 효과와 혈액형 성격론

A형은 진짜로 소심할까?

19세기 말 미국의 유명한 서커스단 단장이었던 피니어스 바넘(Phineas Barnum)은 관객을 무작위로 불러내 성격을 맞추는 신통력으로 인기가 높았다. 그는 사람들에게 "당신은 때론 소심하지만 때론 활달하다"고 말했다. 혹은 그 반대로 "다소 활달하지만 때론 소심하다"고도 말했다. 그러자 사람들은 자신의 성격을 어떻게 아느냐며 신기해했다.

여기에서 유래한 **바넘 효과**(Barnum Effect)는 사람들이 일반적으로 가지고 있는 성격이나 심리적 특성을 마치 자신만의 성격인양 착각하는 현상을 말한다.

1940년대 말 심리학자인 버트럼 포러(Bertram Forer)가 성격 진단 실험을 통해 이를 증명하였기에 **포러 효과**(Forer Effect)라고 불리기도 한다. 그는 학생들을 대상으로 성격 테스트를 한 다음에 똑같은 내용의 성격 판정 결과를 모든 학생에게 알려주었다. 그러자 87%의 학생이 성격 테스트 결과에 대해 놀라워하면서 '자신의 성격과 잘 맞는다.'고 대답했다.

바넘 효과의 대표 사례로 '오늘의 운세'나 '혈액형 성격론'을 들 수 있다. 오늘의 운세에 누구에게나 해당되는 '오늘의 고난은 내일의 행복이다'라는 문구가 나올 경우, 많은 사람이 정말 그 말대로 됐다며 고개를 끄덕인다.

앞날을 예측할 수 없는 사업가는 물론, 일 하느라 하루하루 바쁜 직장인이 아침마다 오늘의 운세를 들여다보는 것은 마음의 위안을 얻기 위한 것인지도 모른다. 좋지 않은 내용이면 조심스럽게 처신하게 되고, 좋은 내용이면 기분이 한결 가벼워진다.

혈액형 성격론 또한 과학적으로 근거가 없는 이론으로 판명 난지 오래됐지만, 'A형은 소심하다'거나 'B형 남자는 자기중심적이다'라고 믿는 사람이 여전히 많다. 아직도 서점에 진열되어 있는 많은 책들은 물론이거니와 〈B형 남자친구〉라는 영화가 히트할 정도다. 회사에서도 재미삼아 혈액형을 물어보고 성격을 맞춰보곤 하는데 비슷하게 들어맞으면 맞장구치며 즐거워한다. 그런데 남자보다 여자들이 혈액형 성격론에 더 민감한 건 왜일까?

사실 혈액형 성격론은 그 태생부터가 의심스럽다. 나치 독일은 오스트리아 병리학자인 칼 란트슈타이너(Karl Landsteiner)가 고안한

ABO식 혈액형 이론을 우생학적으로 악용하여 혈액형에 따라 인간의 기질이 결정된다는 연구를 진행했다.

독일민족인 아리안민족은 A형과 O형이 80%가 넘지만, 유대인과 동양인은 B형이 많다는 사실에 착안하여 A형과 O형은 우수하고, B형은 열등하다는 연구를 진행한 것이다. 이는 나치의 유태인 학살의 근거가 되었다.

1927년 독일에서 유학한 일본의 후루카와 다케지 교수는 불과 319명을 조사하고 연구하여 〈혈액형과 기질〉이라는 논문을 발표했다. 그 후 이를 바탕으로 1970년에 방송 프로듀서인 노미 마사히코가 상상력으로 쓴 《혈액형 인간학》이라는 책이 인기를 끌면서 혈액형 성격론이 유행하게 됐다.

의학계는 사람의 성격이 유전자나 뇌의 구조에 따라 만들어지며 혈액 자체에는 성격을 좌우하는 유전인자가 없다고 주장한다. 왜냐하면 어떤 사람의 혈액을 다른 사람의 혈액으로 바꾼다고 해서 성격이 달라지지는 않기 때문이다. 유감스럽게도 전 세계에서 혈액형 성격론을 믿는 국가는 일본과 우리나라 밖에 없다.

48

매몰비용 효과와 합리적 의사결정

들어간 돈보다는 들어갈 돈을 생각하라

1969년 영국과 프랑스는 초음속 여객기 콩코드를 공동으로 개발하여 1976년 상업 비행을 시작했다. 콩코드는 당시 미국의 보잉 여객기보다 2배 이상 빨라 파리 뉴욕 간 비행시간을 종전 7시간에서 3시간대로 획기적으로 단축했다.

하지만 막대한 개발 비용과 높은 생산 비용에 기체 결함, 소음문제까지 겹쳐 사업 전망은 매우 어두웠다. 이미 많은 돈을 투입했다는 이유로 사업을 계속 진행시켰지만, 총 190억 달러를 쏟아 부은 끝에 2003년에서야 운행을 중지했다. 워낙 투자비용이 많이 들어서 콩코드 여객기의 운임을 일반항공기보다 몇 배 높게 책정해 탑승고객이 거의 없었기 때문이었다. 결국 엄청난 적자를 감당하지 못해 초음속 여객기사업은 더 이상 지속할 수 없었다. 이 실패 사례를 두고 **콩코드 효과**(Concorde Effect)라고 한다.

이처럼 손실로 이어질 것이란 사실을 알면서도 그때까지 했던 투자가 아까워서 도중에 그만두지 못하게 되는 현상을 가리켜 **매몰비용 효과**(Sunk Cost Effect)라고 한다. 매몰비용(Sunk Cost)이란 일단 지출한 후에는 어떤 선택을 하든지 회수할 수 없는 돈을 말한다.

만일 매몰비용에 집착해 조금이라도 적게 손해 보기 위해 더 많이 투자하면 매몰비용보다 더 큰 손실을 입게 된다. 이를 **에스컬레이션 효과**(Escalation Effect)라고 한다. 이제까지 쓴 돈이 아까워서 중간에 포기하지 못하는 매몰비용의 함정에 빠지는 것이다. 주식이 하락하면 평균단가를 낮추기 위해서 계속 주식을 사들이는 물타기 전략이 대표적 사례다. 주식이 오를 것으로 기대하고 추가로 투자하지만, 주식이 더 떨어지면 쪽박 차게 된다.

경제학에서는 매몰비용을 고려한다면 합리적 결정을 할 수 없다고 한다. 그러므로 매몰비용을 염두에 두지 말고 현재와 미래의 비용과 이익을 고려해서 판단해야 합리적 의사 결정을 할 수 있다.

과거 정부는 22조 원의 천문학적 돈을 투입하여 4대강 사업을 무리하게 추진했다. 처음부터 극심한 반대 여론에 부딪쳤으나 공사를 강행했고 곳곳에서 부작용이 나타났다. 그 때마다 정부는 공사를 중단하기에는 늦었다며 매몰비용을 명분으로 내세웠다. 그러나 공사가 끝났어도 수질은 점점 악화되고, 가뭄에도 물 공급을 못하고 있다. 게다가 매년 막대한 유지보수 비용이 들어가고 있다. 이미 투입된 수

조 원의 공사비를 포기하더라도 중도에 공사를 중단했으면 더 많은 세금이 들어가지는 않았을 것이다.

일반적으로 기업은 매몰비용의 함정에서 빠져 나오지 못할 때 경영 위기에 직면하게 된다. 미래 연구 성과가 불투명한데도 불구하고 이미 수년 동안 연구개발비를 투자했다는 이유만으로 추가로 더 많은 금액을 쏟아 붓는 사례를 쉽게 찾아 볼 수 있다. 또 신규 사업에 과감하게 투자했지만, 신제품 출시를 앞두고 있는 상황에서 사업 환경과 조건이 바뀌는 바람에 어쩔 수 없이 사업을 포기해야 하는 경우가 생기기도 한다.

사람들은 살아가면서 매몰비용의 함정에 빠지는 일을 자주 경험한다. 주식 가격이 연일 하락하여 팔아야 할지 말아야 할지를 결정 못할 때, 담보 대출을 받아 무리하게 내 집 마련을 했는데 집값이 계속 떨어져 이러지도 저러지도 못할 때, 업무 실수를 인정하고 과감하게 계획을 변경할지 말지를 고민할 때 등이 그렇다.

하지만 무엇보다 매몰비용 효과의 대표적 사례는 도박일 것이다. 재미 삼아 시작한 도박에 빠져 큰돈을 잃고 본전을 찾기 위해 더 큰 돈을 투입했다가 결국 빈털터리 신세가 되는 과정은 매몰비용의 함정에서 빠져 나오기가 얼마나 어려운지 증명하고 있다.

49

마태 효과와 부익부 빈익빈 현상

가진 자가 더 갖게 되는 이유

'무릇 있는 자는 받아 풍족하게 되고, 없는 자는 그 있는 것까지 빼앗기리라'

부자는 더욱 부자가 되고, 가난한 자는 더욱 가난해지는 현상,즉 부익부 빈익빈(富益富 貧益貧)을 일컬어 **마태 효과**(Matthew Effect)라 한다. 1968년 미국의 유명한 사회학자인 콜롬비아대학의 로버트 머튼(Robert K. Merton) 교수가 성경의 마태복음 25장 29절에 나오는 말씀에 착안하여 처음 사용한 용어다.

마태 효과는 세계적 베스트셀러 작가인 미국의 말콤 글래드웰(Malcolm Gladwell)이 그의 책 《아웃라이어(Outliers)》에서 인용하여 유명해졌다. 그는 개인의 성공과 실패를 오직 자기 자신의 탓으로만 돌렸던 기존의 자기계발서와 달리, 그 동안 간과했던 환경적 측면을 강조했다. 미래의 성공으로 이어지는 특별한 기회를 얻은 사람이 결국 성공을 거두게 된다는 것이다. 아웃라이어는 경쟁자보다 유리한 조건과 상황에서 획득한 결과이지, 결코 처음부터 아웃라이어로 시작한 것이 아니라는 주장이다.

마태 효과는 경제는 물론 사회, 정치, 교육 등 거의 모든 분야에서 나타나고 있다. 현대사회가 정보화 사회, 지식 사회로 급격히 변하면서 부자와 빈자는 물려받는 재산뿐 아니라 교육, 지식, 정보력에서 큰 차이가 나기 때문에 양극화 현상이 심화되어 마태 효과는 더욱 공고해지고 있다. 고성장 시대가 저물고 경제 위기가 반복되면서 가난한 사람은 생존의 위기에 내몰리지만, 부자는 오히려 재산을 늘릴 기회가 더 많아지는 것이다.

1998년 초유의 IMF 외환위기 사태가 몰아 닥쳐 우리나라 경제가 한 순간에 쑥대밭이 되어 기업이 줄줄이 도산하고 수많은 직원이 정리해고 당했다. 직장을 잃은 중산층은 재취업이 어려워 저소득에 고통 받으며 빈곤층으로 전락하기 일쑤였다. 그러나 부유층은 20%가 넘는 고금리에 현금자산이 급증하고, 헐값에 쏟아지는 부동산을 사들여 더욱 부자가 되었다.

우리나라는 전 세계가 놀랄 만큼 빠른 속도로 외환위기에서 벗어났지만, 빈부 격차가 확대되는 부작용이 생겼다. 부자는 더 큰 부자가 되는 반면에 중산층은 줄어들었다. 한번 추락한 빈곤층이 다시 중산층으로 복귀하기란 현실적으로 어려운 일이 되어버렸다. 게다가 고령화가 빠르게 진행되면서 노인빈곤층이 급증하고 있다.

이러한 현상은 **상대적 빈곤율**로 증명할 수 있다. 상대적 빈곤율이란 소득이 중위소득의 절반도 안 되는 빈곤층이 전체인구에서 차지하는 비율을 말한다. 상대적 빈곤율이 높다는 것은 그만큼 상대적으로 가난한 국민이 많다는 것을 의미한다.

2013년 기준 우리나라 전국가구의 가처분소득 기준의 상대적 빈곤율은 14.6%였다. 당시 중위 소득이 약 4천만 원 정도였으니, 소득이 2천만 원 미만인 사람의 비율이 14.6%라는 뜻이다. 2012년 OECD 국가의 평균 상대적 빈곤율인 11.2%에 비하여 높은 편이었다.

소득 10분위 배율은 한 나라의 모든 가구를 소득 크기에 따라 10등분하여 상위 10%의 계층이 차지하는 소득점유율을 하위 10%의 소득점유율로 나눈 값을 말한다. 값이 클수록 소득이 불균등하게 분배되고 있음을 뜻한다. 2012년 OECD 국가의 평균 소득 10분위 배율이 9.6배인데 반해, 2013년 우리나라의 소득 10분위 배율은 10.1배로 소득 불평등이 OECD 국가 평균보다 더 큰 것으로 나타났다.

그런데 지금까지 매년 정부에서 발표하는 지니 계수는 반대로 감소하는 추세를 보여 혼란을 주고 있다. **지니 계수(Gini Coefficient)**란 이탈리아 통계학자 코라도 지니(Corrado Gini)가 1912년 소개한 개념으로, 못 사는 사람부터 잘 사는 사람까지 소득이 얼마나 잘 분배되는지를 보여주는 지표다. 0~1 사이 숫자로 표시되는데 0에 가까우면 평등하게 잘 분배돼 있는 것이고, 1에 가까우면 소득불평등이 심각한 것이다.

2014년 우리나라의 지니 계수는 2009년에 0.314였던 것이 2014년 0.302, 2016년 0.304로 떨어졌다. 2014년을 기준으로 OECD 국가 중 전체 17위를 기록했고, OECD 국가 평균 지니 계수 0.32보다 낮은 수준을 나타냈다. 이 수치만 보면 우리나라의 소득 불평등이 다소 개선되고 있는 것처럼 보인다.

그러나 지니 계수는 조사 방법에 문제가 있어 논란이 되고 있다. 왜냐하면 통계청의 가계 동향조사라는 결과를 가져와서 사용하는데, 이는 집집마다 방문하여 직접 물어보는 설문방식이기 때문이다. 전체가구 중 8,700가구밖에 안 되는 표본조사일 뿐만 아니라 고소득자들은 솔직하게 대답하지 않는다는 점, 금융소득이 포함되지 않는다는 점 때문에 논란이 많다. 게다가 경기가 계속 나빠지거나 디플레이션 등의 상황에서는 지니 계수가 좋아지는 것처럼 보이는 현상이 나타날 수 있어서 소득 분배 개선과는 상관이 없다는 주장이 있다.

이러한 지니 계수의 문제점을 개선하기 위해 정부는 전국 2만 가구를 대상으로 국세청의 소득 자료를 반영한 새로운 지니 계수를 2017년 12월 발표했다. 2016년 가구원당 처분가능소득 기준의 지니 계수는 0.357로 나타나, 우리나라의 소득분배 불평등도 순위는 2014년 OECD 33개 회원국 중 중간 수준에서 2016년에 5위 수준으로 치솟았다. 그동안 누락됐던 고소득층의 금융소득은 포함되고, 소득 수준이 가장 낮은 하위 20% 계층의 근로소득은 감소한 결과다.

우리나라 경제가 저성장 시대에 접어들면서 수출주도형 경제체제는 이미 한계가 드러났다. 이제는 수출과 함께 내수시장 기반을 확대함으로써 우리나라의 경제 성장을 이끌어가야 한다. 지금이야말로 양질의 일자리 창출, 최저임금의 과감한 인상, 보편적 복지정책 등 국민 소득을 증대시키는 정부의 대책이 시급하다.

50

분수 효과와 경제 성장

사라진 낙수 효과! 떠오르는 분수 효과!

"지하에는 식품과 푸드 코너, 1층에는 화장품과 잡화 매장, 2층부터 3층까지는 여성 관련 매장, 4층은 캐주얼과 스포츠 매장, 5층과 6층에는 남성 관련 매장, 7층과 8층에는 아동과 생활 관련 매장, 그리고 맨 위층에는 전문식당가 등"

어디를 가나 백화점의 매장 구성은 거의 비슷하다. 크기와 층수에 따라 조금씩 다르지만 큰 차이가 없다. 처음 가는 백화점이라도 매장의 위치를 대략 짐작할 수 있을 정도다. 여기에는 그럴 만한 이유가 있다. 고객의 니즈를 파악하고 고객의 동선을 분석하여 최적의 배치를 하기 때문이다.

분수 효과(Fountain Effect)란 백화점의 매장을 구성할 때 자주 등장하는 마케팅 용어다. 이는 아래층을 찾는 고객의 동선을 위층으로 유도해 매장 전체를 활성화하는 효과를 말한다. 예를 들어 백화점 맨 아래층에 식품매장, 행사장, 푸드코트 등을 마련하여 고객이 몰리게 함으로써 고객이 아래층에서 위층으로 이동하며 소비 욕구를 느끼도록 만드는 식이다.

이와 반대로 **샤워 효과**(Shower Effect)는 샤워기의 물줄기가 위에서 아래로 떨어지는 것에 빗대어 사용하는 용어다. 백화점의 맨 위층에 모인 고객이 자연스럽게 아래층 매장으로 내려가면서 계획하지 않은 충동구매를 하게 되어 매출이 올라가는 효과를 가리킨다.

백화점 등 대형 쇼핑몰에서는 보통 꼭대기 층에 많은 사람을 유인할 수 있는 전문식당가와 영화관을 배치하는가 하면, 할인 상품 또는 기획 상품 행사장을 마련하기도 하고, 상품권과 사은품 증정장소를 배치하기도 한다. 또 옥상정원을 이용한 휴식공간이나 우수고객을 위한 VIP 라운지 등을 설치하기도 하여 고객을 유도한다.

샤워 효과와 비슷한 경제 용어로 낙수 효과가 있다. 원래 **낙수 효과**(Trickle Down Effect)란 부유층의 투자와 소비 증가가 저소득층의 소득 증대에 영향을 미쳐 국가 전체의 경기 부양 효과로 나타나는 현상을 말하는 경제학 용어다. 트리클 다운(Trickle Down)이란 '물컵에 물을 부으면 물이 넘쳐 바닥을 적신다.'는 의미다.

이 이론은 대기업과 부유층의 소득이 증대되면 더 많은 투자가 이루어져 경기가 부양되고, 또 국내총생산이 증가하면 저소득층에게도 혜택이 돌아가 소득의 양극화가 해소된다는 논리로도 사용된다. 국부의 증대에 초점이 맞추어진 경제정책으로 분배보다는 성장을, 형평성보다는 효율성에 중점을 두는 것이다.

낙수 효과는 1980년대 미국 레이건 행정부가 추진한 신자유주의 정책인 레이거노믹스의 핵심 이론으로 당시에 미국 경제를 재생시켰다는 평가를 받으면서 세계적으로 명성을 얻었다.

이후 우리나라를 비롯한 세계 각국은 이를 정부의 기본 경제정책으로 받아들였으나, 2015년 6월 국제통화기금(IMF)은 낙수 효과가 완전히 틀린 논리라며 사망선고를 내렸다. 150여 개국의 사례를 분석한 결과, 부유층의 소득이 증가할 때 성장은 오히려 감소하고, 빈곤층의 소득이 늘어날 때 성장이 촉진되는 것으로 나타났다는 것이다.

반대로 마케팅 용어와 똑같은 경제 용어인 **분수 효과(Fountain Effect)**는 저소득층의 소비 증대가 경기 전체를 부양하는 현상을 말한다. 저소득층에 대한 직접 지원을 늘리면 소비 증가를 가져오고 소비가 증가되면 생산투자로 이어지므로 이를 통해 경기를 부양할 수 있다는 것이다.

이 경제이론은 부유층에 대한 세금은 늘리고 저소득층에 대한 복지정책 지원은 증대해야 한다는 주장을 뒷받침하고 있다. 이는 값싼 노동력을 바탕으로 발전하는 고도성장기를 지나면서 주로 시행하는 정책이다.

2003년 브라질에서는 노동자 출신의 룰라 대통령이 취임했다. 그는 기득권 세력의 반대에도 불구하고 국가가 직접 빈곤층에 무상으로 생활보조금을 지원함으로써 중산층이 확대되는 경제정책으로 당시의 경제 위기를 극복하였다. 빈민층이 줄고 중산층이 두터워지자 소비가 늘어남으로써 기업은 활기를 띠고 경제는 되살아나기 시작했다. 그 결과 2010년 브라질은 국내총생산(GDP)기준으로 세계 6위의 국가로 올라서는 놀라운 경제 성장을 달성했다. 분수 효과의 대표적 성공 사례라 할 수 있다.

지난 수십 년간 세계의 공장 역할을 하며 고성장을 질주했던 중국 정부가 몇 년 전부터 빈부격차를 해소하고 장기적으로 내수시장을 확대하기 위해 최저임금을 매년 크게 인상하는 것도 같은 이유 때문이다. 지금까지는 낙수 효과로 경제 성장을 이뤘지만, 앞으로는 분수 효과를 통해서 경제 발전을 촉진하겠다는 것이 중국 정부의 의도이다.

2015년 미국 정부의 최저시급 인상 요청에 호응하여 월마트, 맥도날드 등 많은 미국 기업이 최저시급을 단계적으로 두 배까지 올리겠다고 잇달아 발표했다. 이같이 최저시급을 대폭 인상하려는 움직임은 임금을 올려 증가하는 소득으로 소비를 촉진시키려는 목적을 가지고 있다. 바로 분수 효과를 노린 소득주도형 성장정책이다.

그러나 2017년 트럼프 정부가 들어서면서 세금 감면, 금융규제 완화, 보호무역 등 기업 위주의 경제정책을 펴고 있어 향후 귀추가 주목된다. 일본 정부는 소득을 높여 내수를 진작하고 경제 활성을 위해 매년 최저임금 3% 인상과 최저시급 1,000엔 정책을 야심차게 실천하고 있다.

새로운 정부가 들어선 우리나라는 일명 'J노믹스'라 불리는 소득주도 성장의 경제정책을 강력히 추진하고 있다. 특히 양질의 일자리 창출을 최우선 정책과제로 선정하고 최저시급 10,000원 을 목표로 내세우고 있다.

앞에서 얘기한 것처럼 IMF가 낙수 효과에 대해 사망선고를 내렸기 때문에 앞으로 낙수 효과라는 말은 TV나 신문에서 찾아보기 어려울 것이다. 반대로 분수 효과는 많이 등장할 것으로 보인다.

51

프레이밍 효과와 여론 조사

원하는 답을 얻으려면 질문을 바꿔라

빨간색 안경을 끼면 세상이 빨갛게 보이고, 파란색 안경을 끼면 세상이 파랗게 보인다. 또 세모 모양의 틈으로 밖을 바라보면 세상은 세모로 보이고, 네모 모양의 구멍으로 들여다보면 세상은 네모로 보인다. 이처럼 세상은 어떤 틀을 통해 보느냐에 따라 달라 보인다.

프레이밍 효과(Framing Effect)는 의사 전달을 어떤 틀 안에서 하느냐에 따라 전달받은 사람의 태도나 행동이 달라지는 효과를 일컫는다. 프레임(Frame)이란 사전적 의미로 '창틀'을 뜻한다. 여기서는 세상을 보는 관점이나 생각의 틀을 의미한다.

예컨대 의사가 환자에게 수술해서 살아날 확률이 90%라고 말하면 수술을 쉽게 받아들이지만, 수술로 죽을 확률이 10%라고 말하면 대다수의 환자가 수술을 거부한다고 한다. 이처럼 프레이밍 효과는 사람의 판단에 매우 큰 영향을 끼친다.

"우리는 2등입니다. 우리가 할 수 있는 것은 노력밖에 없습니다."

미국 렌터카 업계 2위 자리도 불안했던 AVIS가 야심차게 내세운 광고 캐치프레이즈였다. 광고는 대성공이었다. 당시 1위였던 Hertz를 위협할 정도로 성장하기에 이르렀다. 지금도 프레이밍 효과의 대표 사례로 손꼽히고 있다. 업계 1위를 목표로 하는 프레이밍을 버리고, 2위 자리를 지키기 위해 노력하겠다는 2등 전략의 프레이밍으로 과감하게 전환하여 성공한 것이다.

과거에 국내 소비자들은 우유를 구입할 때 유통기한이 가장 오래 남아 있는 우유를 선택하곤 했다. 하지만 실제는 제조회사마다 우유의 유통기한이 다르기 때문에 유통기한이 신선도의 기준이 될 수 없다고 한다.

이 사실을 간파한 서울우유는 유통기한 대신에 제조일자를 전면에 표기함으로써 우유 신선도에 대한 소비자 인식의 틀, 즉 프레이밍을 바꿔버렸다. 이것이 그 유명한 서울우유의 '제조일자 마케팅'이다. '서울우유는 신선한 우유를 만드는 기업'이라는 프레이밍 효과가 나타나면서 판매가 크게 늘었다.

프레이밍 효과가 확실하게 드러나는 사례 중 하나가 여론조사다. 긍정적인 말로 물어보면 긍정적 답변을 할 확률이 높아지고, 부정적인 말로 물어보면 부정적 답변을 할 확률이 높아진다. 그래서 선거 때마다 정당과 후보자에 대한 지지도 조사나 정부 정책의 찬반 여론

조사에 대한 공정성 시비가 늘 따라다닌다.

예컨대 수서발 KTX 철도 노선을 민간자본으로 만들기 전에 여론 조사를 실시한 결과, 'KTX 철도 일부 구간을 사기업에게 매각하는 것에 찬성하십니까?'라고 물었을 때 반대의견이 훨씬 많이 나왔다. 그러나 '고속철도에 경쟁체제를 도입하는 것을 찬성하십니까?'라고 질문하면 찬성 의견이 많아졌다. 같은 내용을 두고 질문의 프레임을 다르게 하면 서로 다른 결론이 나오는 것이다.

또 다른 사례에서는 여론 조사의 위험성을 경고하고 있다. 언젠가 6 · 25 전쟁에 대해 청소년의 69%가 '북침'이라고 응답했다는 한 언론사의 여론조사 결과가 발표되어 온 나라가 발칵 뒤집힌 적이 있다.

어떻게 이런 황당한 일이 벌어졌을까? 그것은 '6 · 25 전쟁은 남침입니까? 북침입니까?'라고 질문했기 때문이었다. 한자말에 익숙하지 않은 청소년의 69%가 '북침'의 의미를 '북한이 남한을 침략한 것'으로 오해하여 그런 결과가 나온 것이었다. 아마도 '6 · 25 전쟁은 북한이 남한을 침략한 것입니까? 남한이 북한을 침략한 것입니까?'라고 물어봤으면 그런 결과가 나오지 않았을 것이다.

과연 이러한 사실을 모르고 설문 조사를 했는지 아니면 단순한 실수인지 알 수 없지만, 여론 조사의 숨겨진 목적을 의심하지 않을 수 없다.

사람은 누구나 자기에게 이득이 되는 것을 극대화하려는 반면, 자신이 손해 보는 것은 최소화하려는 마음을 가지고 있다. 따라서 상대방이 선택하기를 원한다면 긍정적 프레임을 사용하여 이득이 더 커 보이도록 말하는 것이 유리하다. 반대로 상대방이 선택하지 않기를 바란다면 부정적 프레임을 사용하여 손해가 많음을 강조하면서 말하는 것이 효과적이다. 원하는 대답을 얻으려면 질문을 달리하면 된다. 질문이 달라지면 대답이 달라지기 마련이다.

52

님비 현상과 고슴도치의 사랑

서로의 가시를 견딜 수 있는 적당한 거리는?

선거 때가 되면 장밋빛 공약이 난무한다. 후보들은 당장 실현 불가능한 공약도 서슴없이 내놓는다. '지하철역을 신설하여 교통이 편리한 도시를 만들겠다.' '대기업의 공장을 유치하여 일자리를 창출하겠다.' '학교, 병원 등 공공시설을 많이 세워 살기 좋은 곳으로 만들겠다.'는 공약은 오로지 유권자의 표를 얻기 위한 선거 전략의 일환일 뿐이다.

이는 사람의 이기적 심리 현상, 즉 **핌피 현상**(PIMFY)을 이용하는 것이다. PIMFY는 'Please In My Front Yard'의 첫 글자를 딴 것으로, 자신이 살고 있는 지역에 이익이 되는 시설을 적극적으로 유치하려는 것을 말한다.

지역이기주의를 뜻하는 핌피 현상은 주로 교통시설이나 편의시설, 공공시설 등을 새로 지을 때 서로 자기 지역으로 끌어들이려고 치열한 경쟁을 벌일 때 생긴다. 이런 시설이 생기면 살기에 편리할 뿐더러 땅값, 집값 등이 올라 자산 가치가 커지기 때문이다. 그러니 해당 지역 거주민은 언제 실현될지도 모른 채 화려한 공약을 남발하는 출마자의 말에 관심을 둘 수밖에 없고, 결국 표를 찍어주고 만다. 마치 서로의 필요에 의해서 서로의 마음을 얻고자 하는 짝짓기 행위 같다.

님비 현상(NIMBY)이란 핌피 현상의 반대말로 'Not In My Back Yard'의 약자다. 이 또한 지역이기주의의 한 형태로서 위험 시설, 혐오 시설 등이 자신의 주거지역에 들어오는 것을 저지하려는 현상을 말한다. 이는 핌피 현상보다 더욱 심하게 나타난다. 극렬하게 반대하고 물리적 저항까지 서슴지 않는다.

대표적 님비시설로는 원자력발전소나 원전폐기물 저장시설, 화장장, 납골당, 쓰레기매립지, 하수종말처리장, 고압전력선 등이 있다. 이런 시설이 들어설 때는 해당 지역 주민에게 직접 보상을 해 주는 것은 물론 특별 기금 지원, 세금 감면, 일자리 제공 등의 간접 보상을 해 주는 것이 보통이다.

그러나 해당 지역 주민이 환경오염, 질병 발생, 수명 단축 등 삶의 터전이 파괴되고 일상생활이 망가진다는 이유로 무조건 반대를 외치고 물질적 보상마저도 완강히 거절하면서 정부와 대립각을 세우는 경우가 많다.

그러므로 정부는 단기간에 해결될 문제가 아니라는 점을 확실히 인식하고 추진해야 한다. 장기적으로 공론화 과정을 거치는 동안 지역주민을 이해시키고 설득하면서 여론을 수렴해야 한다. 또한 경제적으로 충분한 보상과 함께 직 · 간접적 지원을 함으로써 난제를 해결하려는 적극적인 마음과 자세가 필요하다.

우리나라 땅은 그렇게 넓지 않다. 게다가 인구 밀도도 매우 높다. 꼭 필요한 시설이라면 어딘가에는 설치해야 하는데, 사람이 살지 않는 장소를 찾기란 현실적으로 무척 어렵다. 그렇다면 해당 지역의 사람들을 설득하고 이해시켜서 동의와 협조를 구할 수밖에 없다. 선택의 여지가 없다.

최근에는 장애인 학교나 임대주택 건설을 반대하는 현상이 곳곳에서 나타나고 있다. 특별히 위험하거나 혐오스러운 시설이 아닌데도 시위를 벌이거나 항의 방문을 한다. 지역주민이 이 시설을 반대하는 이유는 단순하다. 자녀 교육에 좋지 않고, 집값이 떨어진다는 것이다. 이들은 경제적 보상이나 대책도 요구하지 않는다. 무조건 '절대 불가'만 외친다. 내 것을 지켜야 한다는 이기적 마음과 함께 살아야 한다는 이타적 마음이 서로 부딪히면 과연 어느 것이 이길까? 선악의 기준으로만 판가름하기 어려운 문제라서 그저 씁쓸하기만 하다.

"추운 겨울날 고슴도치들이 체온을 유지하기 위해 서로 달라붙어 한 덩어리가 되어 있었다. 그러나 곧 날카로운 가시가 서로의 몸을 찔러 아파서 흩어졌다. 그러다가 추위를 견디지 못해 다시 모였다. 또 가시가 서로를 찔러 다시 흩어졌다. 그렇게 모이고 흩어지기를 반복한 끝에 마침내 고슴도치들은 서로의 가시를 견딜 수 있는 적당한 거리를 발견하게 되었다."

독일의 철학자 아르투르 쇼펜하우어(Arthur Schopenhauer)가 쓴 우화에 나오는 이야기다. 여기에서 인간관계를 설명하는 심리학 용어인 **고슴도치의 딜레마(Hedgehog's Dilemma)**가 유래했다.

UN에서 발표한 2017년 세계 인구밀도 순위를 살펴보면 1위 방글라데시아(1,266명), 2위 대만(653명)에 이어 우리나라(522명)가 3위를 차지했다. 이는 싱가포르, 홍콩, 마카오, 바레인 등 인구가 적은 도시국가를 제외한 세계 순위다.

이렇게 좁은 땅덩어리에서 많은 사람이 모여 살면 고슴도치의 딜레마에 빠지기 쉽다. 서로 사이좋게 지내려면 자신의 가시가 상대를 찌르지 않는 적당한 거리를 찾아야 한다. 상대에게 상처와 아픔을 주기보다는 이해와 배려의 손길을 먼저 내밀어야 한다. 우리 사회에 고슴도치의 사랑이 가득 하기를 바라는 마음이다.

53

언더독 효과와 위기 극복

인생 역전 스토리에 환호하는 이유

마케팅 분야에서 모방 소비를 뜻하는 밴드왜건 효과는 원래 정치학에서 먼저 사용한 용어다. 선거운동에서 우세를 보이는 후보 쪽으로 투표자가 몰리는 현상을 **밴드왜건 효과**(Bandwagon Effect)라고 한다. 처음에는 지지하지 않았던 후보나 무관심했던 후보가 우세를 보이면 자신이 지지했던 후보를 포기하고 대세를 잡은 후보 쪽으로 돌아서는 현상이다. 이러한 현상이 생기는 이유는 설령 내 의견이 옳다고 하더라도 주위 사람과 부딪히면서 사는 게 마음이 불편하기 때문에 다른 사람의 생각에 편승하는 것이다.

반대로 **언더독 효과**(Underdog Effect)는 절대 강자가 존재할 때 약자가 절대 강자를 이겨주기를 바라는 심리현상이다. 본래 언더독은 개싸움에서 유래했다. 싸움에 진(밑에 깔린) 개를 언더독(Underdog), 이긴 개를 탑독(Topdog)이라고 한다. 여기에서 기인하여 경기나 게임에서 약한 사람이나 팀을 언더독이라고 불렀다.

1948년 미국 대선 당시 민주당의 해리 트루먼이 여론조사 결과 공화당 후보에게 뒤지고 있었는데, 모두의 예상을 뒤집어엎고 트루먼이 당선했다. 이 때 처음으로 언더독 효과가 언론에 등장했다. 흑인이라는 태생적 약점과 불리한 주변 환경에도 불구하고 진정성 있는 연설과 강한 의지로 결국 미국 대통령이 된 오바마 대통령도 언더독 효과의 사례라 할 수 있겠다.

우리나라 국회의원 선거에서도 이와 같은 일이 비일비재하다. 어떤 후보자는 공식 여론조사의 지지율이 낮더라도, 언더독 효과를 감안하여 조심스럽게 본인이 당선될 것으로 예측하기도 한다. 초기에는 지지율 1위 후보자와 큰 차이로 벌어져도 선거 막판에 팽팽한 대결 구도를 형성하게 되면, 뚜껑을 열기 전까지 아무도 승리를 장담할 수 없다.

사람들은 강자에 대해서는 견제심리를 가지는 반면, 약자에 대해서는 연민의 정을 느끼며 예상 밖의 승리를 거두길 바란다. 좋은 여건과 환경에서 성공한 **탑독 스토리(Topdog Story)**보다는 어려운 환경과 조건에서 위기와 난관을 극복하여 마침내 성공한 **언더독 스토리(Underdog Story)**에 대중들은 더 큰 감동을 느낀다.

사생아로 태어나 자신이 창업한 회사에서 쫓겨나고, 갖은 고생 후에 그 회사에 다시 들어가 대성공을 거둔 스티브 잡스 이야기에 전 세계인이 열광하는 것은 극적인 언더독 스토리이기 때문이다.

미래의 목표를 달성하기 위해 현재를 열심히 살아가는 개인과 조직의 대부분은 사실상 언더독이라고 할 수 있다. 그래서 사람들은 마치 자신의 얘기인 양, 언더독의 인생 역전 스토리를 갈망하고 환호하는 것인지도 모른다.

54

스톡데일 패러독스와 희망의 역설

희망을 가지되 현실을 직시하라

베트남 전쟁 당시 미 해군 장교 제임스 스톡데일(James B. Stockdale)은 포로로 붙잡혔다. 그는 1965년부터 8년간 포로수용소에서 수십 차례의 모진 고문을 이겨내고 수감 생활을 견딘 끝에 1973년 전쟁 종식과 함께 생환하여 미국에서 국민 영웅으로 추앙 받았다.

그는 포로수용소에서 살아남은 사람은 낙관주의자가 아니라 오히려 현실주의자였다고 밝혔다. 현실주의자는 언젠가는 살아서 돌아갈 수 있다는 희망을 잃지 않으면서 포로라는 냉혹한 현실을 직시하고 포로수용소에서의 끔찍한 생활을 하루하루 견뎌냈다고 했다.

'크리스마스 때까지는 나갈 거야'

'부활절까지는 나갈 수 있을 거야'

'추수감사절까지는 나가겠지'

이렇게 맹목적인 희망을 가졌던 낙관주의자는 끝내 절망 속에서

죽어갔다. 포로수용소에서도 최고지휘관이었던 스톡데일 장군이 "우리는 크리스마스 때까지는 나가지 못할 겁니다. 그에 대비하세요." 라고 다른 포로들을 독려했던 것도 바로 그런 이유 때문이었다. 결국 현실주의자는 잘될 거라는 믿음을 잃지 않은 가운데 어려운 현실을 끝까지 직시하며 대비했기 때문에 포로 생활을 견뎌낼 수 있었던 반면, 곧 나갈 거라고 믿었던 낙관주의자들은 좌절과 상실감을 못 이긴 채 죽고 말았다.

세계적 경영컨설턴트 짐 콜린스(Jim Collins)는 그의 저서 《좋은 기업을 넘어 위대한 기업으로(Good to Great)》에서 이처럼 냉혹한 현실을 받아들이되, 최종 승리에 대한 확신을 갖는 이중성을 **스톡데일 패러독스**(Stockdale Paradox)라고 불렀다. 이는 어떤 역경에 처했을 때 그 현실을 외면하지 않고 정면 대응하면 살아남을 수 있지만, 조만간 일이 잘 풀릴 거라고 막연히 낙관하면 무너지고 만다는 '희망의 역설'을 뜻한다.

그는 스톡데일 장군과 인터뷰를 하면서 깊은 감동과 영감을 얻어 위대한 기업 연구에 적용했다. 그리고 좋은 회사에서 위대한 회사로 도약한 기업은 스톡데일 패러독스의 이중성으로 위기를 슬기롭게 극복했다고 평가했다. 혹독한 현실에 맞서면서 반드시 성공한다는 믿음과 함께 스스로를 더 강하고 활기차게 만들어 위대한 기업으로 도약이 가능했다는 것이다.

인생은 마라톤 경기다. 오늘 이루지 못했다고 실망할 필요는 없다. 내일 또 열심히 노력하면 된다. 간절히 원하던 일을 해냈다고 안심해서도 안 된다.

지금 하고 있는 일을 사랑하자. 사랑하면 열정이 생기고, 열정으로 가득 차면 끊임없이 에너지가 넘친다. 그러면 인생의 목표가 아주 멀리 있어도, 도중에 넘어지고 또 넘어져도, 오뚝이처럼 다시 일어나 끝까지 달려갈 수 있다. '희망의 역설'은 치열한 경쟁 속에서 현대 사회를 살아가는 우리에게 용기를 주는 선물 같은 말이다.

참고 부록

소비자를 알면 시장이 보인다

회사에서 각종 사업계획서와 마케팅보고서를 작성할 때 소비자 조사 결과는 보통 앞부분에 나오기 마련이다. 어떤 고객층을 타깃으로 신규 사업을 추진할지 결정할 때 가장 먼저 고려해야 할 사항이 바로 소비자 조사와 분석이기 때문이다. 시장 조사, 경쟁사 조사와 함께 소비자 조사 결과는 분명하고 명확해야 한다. 그래야만 시행착오를 줄일 수 있다.

다양한 시각과 기준으로 소비자를 분류하여 테마별로 묶고, 한 눈에 추세와 흐름을 알 수 있도록 재배치하여 참고 부록으로 엮었다. 일반적으로 가장 많이 사용하는 소비자 조사 방법은 성별과 연령별, 직업별로 구분하는 것이다. 남녀노소로 나누거나 10대부터 60대까지 나열하거나 학생, 직장인, 주부처럼 직업에 따라 구별하기도 한다.

그러나 경제와 산업이 고도로 발전하고 사회가 복잡하게 분화되면서 시장은 더욱 세분화하고 있다. 계층구조도 세밀해지고 서로 얽혀있기 때문에 어느 한 가지 카테고리로 소비자를 설정하기가 쉽지 않다. 그래서 기존의 국내외 정보와 자료를 중심으로 시기별, 세대별, 특성별로 소비자층을 나누고 다시 모아서 정리했다. 흩어져 있으면 단편적인 사항도 테마별로 함께 묶어놓으면 의미 있는 정보와 지식으로 탈바꿈할 수 있다.

01

진화하는 중심 세대

전통세대, 베이비붐세대, 386세대, X세대, Y세대, Z세대

광복 이후 지금까지 우리나라를 이끌어온 중심 세대는 시기에 따라 전통 세대에서 베이비붐 세대, 386세대를 거쳐 X세대로 이어지고 있다. 현재 이들 세대들은 우리 사회의 앞날을 이끌어갈 미래세대인 Y세대, Z세대와 함께 공존하고 있다.

1945년 광복 이전에 태어난 노년 세대를 **전통 세대**라고 한다. 암흑 같은 일제 강점기 시대에 살았던 이들은 광복의 혼란기를 지나 전쟁의 폐허 속에서 우리나라가 다시 일어설 수 있도록 단단한 기초를 만들어 준 조부모 세대이다.

베이비붐 세대(Baby Boom Generation)란 전쟁 후에 사회적 경제적 안정 속에서 태어난 세대를 말한다. 베이비붐(Baby Boom)은 출생률이 다른 시기에 비해 현저하게 상승하는 현상을 가리킨다.

각 나라별로 그 연령대가 다르다. 미국의 경우 베이비붐이 일어난 시기는 제2차 세계대전이 끝난 직후인 1946년부터 1965년 사이다. 이전 세대와 달리 이들은 급격한 경제 발전과 함께 안정과 풍요 속에서 미국 사회의 왕성한 소비문화를 이끌어 왔다.

일본은 1947년부터 1949년 사이에 출생한 사람을 베이비붐 세대라고 한다. 이들은 1970년대와 80년대에 일본을 경제대국으로 키운 견인차 역할을 했다. 이 세대의 인구수가 상대적으로 많아서 인구분포도를 그리면 마치 덩어리 하나가 불쑥 튀어나온 것처럼 보인다고 하여 일명 **단카이(團塊) 세대**라고 부른다.

우리나라의 1차 베이비붐 세대는 6·25 전쟁 이후 1955년부터 1963년 사이에 태어난 사람들로 전통 세대를 부모로 두고 있다. 이 기간에 태어난 베이비부머는 대략 712만 명 정도 된다. 전통 세대와 386세대 사이에 있는 50대의 장년 세대가 여기에 해당한다. 1990년대를 기준으로 40대, 70년대 학번, 50년대에 출생했다고 해서 475세대라고도 부른다.

2차 베이비붐 세대는 출생률이 다시 높아진 1968년부터 1974년까지 7년 동안 태어난 인구집단으로 600만 명이 넘는다. 이 세대가 본격적으로 사회에 진출하기 시작한 1990년대 한국 경제는 유례없는 호황을 누리며 최고의 전성기를 누렸다. 이들의 부모세대는 6·25 전쟁을 전후해 태어나 뼈아픈 가난을 경험한 이른바 전쟁 세대다.

산업화와 민주화, 외환위기 등 격변의 세월을 겪어 온 이들은 한국 현대사를 관통하는 우리 사회의 주역이다. 경제의 고도성장과 함께 물질적인 풍요를 누린 세대이자, 동시에 정치적 사회적 격동기를 거쳐 IMF 외환위기를 온몸으로 맞은 굴곡의 세대이다. 또 전통 세대 부모의 높은 교육열 덕분에 상당수가 고등교육을 받았고, 생산과 소비를 주도하며 우리 사회를 이끌어 왔다. 2010년도부터 시작된 이들 베이비부머의 은퇴 러시는 지금도 우리 사회 전반에 걸쳐 직간접적으로 큰 영향을 끼치고 있다.

386세대는 나이 30대, 80년대 학번, 60년대 출생을 조합한 용어로 베이비붐 세대 중 1990년대의 30대 젊은 층을 대변하는 말이다. 이 용어는 1990년대 최신 개인용 컴퓨터인 386컴퓨터에 빗대어 말한 것에서 유래했다. 흔히 1980년대 민주화 투쟁을 이끌었던 대학생 중심의 세대를 지칭하는 말로 사용하기 때문에 정치사회적 의미를 띠기도 한다. 그러나 60년대에 태어난 사람을 모두 386세대로 보는 견해가 지배적이다. 요즘에는 세월이 흐르면서 386세대가 486세대를 거처 586세대로 불리게 됨에 따라 최근에는 시간이 지나도 변함없는 **86세대**라고 통칭해서 부르고 있다.

이들은 결혼이 필수가 아닌 선택이라고 생각한 최초의 세대로 성에 개방적이고 적극적이며 여성의 활발한 사회 진출이 특징인 세대다. 일보다는 삶의 질을 추구하면서 해외여행, 레저, 취미생활 등 여가와 휴식을 즐길 줄 알지만, 최신 유행을 쫓아가지 못하고 향수를 자극하는 복고풍의 문화에 호응하며 7080 콘서트에 박수를 보내는 대중문화의 주변인에 머물러 있기도 하다. 소비 성향에서는 기성세대에 비해 보수

적이면서 실용적 패턴을 보이고, 다른 세대에 비해 신용카드를 많이 사용한다.

손가락으로 볼펜을 360° 빙그르르 돌리는 특이한 재주를 가진 세대, 써클과 세미나를 유난히 좋아하는 세대, 현실에 불만이 많은 세대, 자기정체성이 강하고 현실에 안주하기보다는 변화를 추구하는 세대 등 386세대, 즉 86세대에 대한 견해는 다양하다.

X세대(X Generation)는 1990년대의 신세대를 일컫는 말이다. 이 용어는 캐나다 작가 더글라스 코플랜드(Douglas Copeland)가 1991년 발표한 소설 《Generation X》에서 처음 사용하였다. 그에 의하면 'X'는 '정의할 수 없음'을 의미하고 'X세대'는 '이전 세대의 가치관과 문화를 거부하는 이질적 집단'이다.

우리나라에서 최초로 '~세대'라는 합성어로 규정될 만큼 특별했던 이 세대는 물질적 풍요 속에서 성장하여 원하는 것은 무엇이든 얻을 수 있었던 세대였으며, 주위 눈치를 보지 않고 자기주장이 강한 세대였다.

이들은 1970년대에 태어나 한국경제가 호황을 누린 1980년대에 10대 시절을 보냈고, 서태지와 아이들, 워크맨, 심은하의 트렌디드라마, 주윤발의 홍콩영화 등 대중문화가 폭발적으로 성장한 1990년대에 20대를 보낸 젊은 세대다. 최근 이들이 경제 활동이 왕성한 중심 세대로 성장하면서 큰 소비계층을 형성하고 있다.

Y세대(Y Generation)는 베이비 붐 세대의 자녀 세대를 일컫는 말로 **에코붐 세대**(Echo Boom Generation), 즉 **메아리 세대**라고 한다. 이 용어

는 1980년대에 태어난 청소년을 2000년대에 주역이 될 세대라고 지칭하면서 생겨났다. 다른 말로 **밀레니얼 세대**(Millennials)라고도 한다.

1990년대 말 우리나라에서 처음 대두된 Y세대론은 과거 X세대론의 특성을 거의 그대로 수용하였다. 그러나 X세대가 대중 소비시장의 떠오르는 세대였다면 Y세대는 주력계층이 되었으며, X세대가 호출기 세대였다면 Y세대는 컴퓨터 세대라는 점에서 차이가 있다.

이 세대는 자녀수가 1~2명인 소가족 속에서 경제적 뒷받침과 함께 첨단기기와 대중문화의 집중 세례를 받으면서 자기중심적으로 키워졌다는 일반적 특징을 갖는다. 첫 디지털 세대인 이들은 디지털 기기의 구매를 결정하는 소비 주체가 되었을 뿐만 아니라 최신 유행을 전파하고 대중소비를 선도하는 세대라고 할 수 있다.

그러나 Y세대는 풍요로운 유년기를 보냈지만, 사회 진출과 동시에 구직난과 비정규직의 굴레에서 허우적거리고 있다. 88만원 세대, N포 세대는 모두 이들을 이르는 말이다. Y세대는 성장이나 발전 없이 정체된 삶을 사는 첫 세대가 되었다. 이에 대해서는 다음 장에서 더 자세히 살펴보도록 하자.

Z세대(Z Generation)란 X세대를 부모로 둔 10대 청소년을 말한다. 현재의 초등학교 고학년과 중 · 고등학생이 대체로 이 세대에 해당된다. Z세대는 X세대, Y세대의 다음 세대라는 의미에서 이름 붙여졌다. 어린이와 청년 사이에 낀(Between) 세대라는 뜻에서 **트윈 세대**(Tween Generation)라고도 한다.

이들은 유행에 극히 민감한 세대라는 점에서 Y세대와 비슷한 특성을 나타낸다. 태어날 때부터 디지털 시대에서 자라난 디지털 네이티브 세대로 컴퓨터, 스마트폰 등 최신 전자제품을 자유롭게 잘 다루기 때문에 디지털 원어민이라고도 불린다. IT업계에서는 특히 주목해야 할 소비계층으로 떠오르고 있다. 일상이 디지털 세상에 24시간 로그인 되어 있는 Z세대의 패턴을 이해하고 맞춤형 마케팅계획을 짜는 것이 미래 디지털 마케팅의 핵심전략이라고 할 수 있다. 이외에도 엔터테인먼트, 패션, 출판, 식료품 등의 분야에서 이들이 차지하는 비중이 갈수록 증가하고 있다.

Y세대가 K-POP 등 한류 열풍을 이끌어온 주인공이었다면 Z 세대는 전 세계에 한류를 더욱 확산시킬 미래의 주역이 될 것이다. 우리나라의 미래를 이끌어 갈 중심 세대의 모습이 몇 년 후에 어떻게 진화할지 자못 궁금해진다.

02

디지털 세상의 젊은 세대

C세대, G세대, N세대, W세대, P세대, 88만원 세대

1990년대에 들어서 컴퓨터 사용이 일반화되고 초고속통신망이 빠르게 확산되면서 새로운 디지털 세상이 열렸다. 이와 함께 C세대, G세대, N세대, W세대, P세대, 88세대 등 다양한 형태의 디지털 세대가 등장했다.

C세대는 여러 가지 의미로 사용되고 있다. 처음에는 컴퓨터, 게임, 만화, 음악, 댄스 등 어느 한 분야에 지나치게 몰입하는 **중독된 세대**(Chemical Generation)를 일컬었다. 이들은 자신의 관심 영역이 아니면 철저히 무시해버리는 경향이 강하여 사회적 문제가 되기도 한다.

이후 인터넷을 통해 다양한 정보를 얻고 다른 사람과 자유롭게 공유하면서 능동적으로 디지털 세상에 참여하는 젊은이들을 **컴퓨터 세대**(Computer Generation) 또는 **사이버 세대**(Cyber Generation)라는 의미에서 C 세대로 부르게 되었다.

콘텐츠 세대(Contents Generation)라는 의미로써의 C세대는 인터넷, 스마트 폰 등 각종 디지털 기기를 통해 스스로 콘텐츠를 생산하고 네트워크로 다른 사람과 공유하는 등 디지털 시대의 새로운 소비 집단을 일컫는 말이다. 이 세대는 소비는 물론 개발, 유통과정에 직접 참여하는 생산적 소비자, 즉 프로슈머(Prosumer)의 성향을 나타낸다.

구글(Google)은 2006년 유튜브(Youtube)를 인수할 당시 유튜브가 연결(Connection), 창조(Creation), 사회(Community), 전시(Curation) 등 4C를 통해 번영할 것이라고 밝히면서 C세대라는 개념을 사용한 바 있다.

G세대(G Generation)는 1988년 서울올림픽을 전후로 태어나 글로벌 마인드와 미래지향적이고 자유분방한 성향을 지니고 있는 세대를 이르는 말이다. 세계화를 뜻하는 '글로벌(Global)'과 녹색을 뜻하는 '그린(Green)'의 영어 머리글자를 따서 만든 용어다.

외동아들과 외동딸의 비율이 50%가 넘는 이 세대는 매사에 긍정적이고 적극적인 동시에 자기주장을 당당하게 한다. 이들은 사교육, 어학연수, 조기유학, 해외여행 등 부모의 집중적 관심과 투자를 받으면서 외국에 대한 배타성이나 열등감 없이 자연스럽게 글로벌 마인드가 형성되었다.

또한 초등학교에 들어가자마자 인터넷을 접한 첫 세대로서 인터넷에 능숙하고 디지털 문화에 익숙하며 자신만의 특성과 개성, 개인의 행복을 무엇보다 중요하게 생각한다. 그리고 자신에게 충실하며 밝고 낙

천적 성향을 지니고 있다. 반면에 성실성과 끈기, 친화력이 부족하다는 평가를 받기도 한다.

N세대(Internet Generation)는 급변하는 디지털 환경 속에서 자라면서 디지털기기를 능숙하게 사용할 줄 아는 네트워크 세대를 말한다. 'N'은 'Internet'의 줄임말인 'Net'의 머리글자다. 1998년 미국의 사회학자인 돈 탭스콧(Don Tapscott)이 처음 사용했다. 그는 N세대를 인터넷이 만드는 가상공간을 삶의 중요한 무대로 인식하고 있는, 디지털적 삶을 살아가는 세대로 규정했다.

이들은 TV보다 컴퓨터를 좋아하고 전화보다 이메일, SNS에 더 익숙한 디지털 세대로 Y세대의 특성을 지니고 있으며, 본격적 사이버 세대라고 할 수 있다. 이들은 컴퓨터, 인터넷, 스마트 폰 등을 통해 항상 가상공간에 접속하여 쌍방향 커뮤니케이션을 하면서 적극적으로 자신의 의견을 주장하는 능동적 참여자다.

N세대가 기존의 X세대, Y세대, Z세대 등과 다른 세대로 구분된 이유는 이들이 인터넷을 통한 사이버 세계에서 가상공동체를 만들고 디지털적 삶과 문화를 누리고 있기 때문이며, 기성세대와는 전혀 다른 세대로서의 특성을 보여주고 있기 때문이다.

W세대(W Generation)는 2002 한·일 월드컵을 통해 등장한 젊은 세대를 말한다. 'W'는 월드컵(World Cup) 축구대회의 머리글자다. 이들을 **R세대(Red Generation)**라고도 하는데 한국축구대표팀의 서포터즈인 붉은 악마(Red Devil)에서 유래했다.

2002 한 · 일 월드컵 당시 대대적 거리응원을 주도하며 등장한 W세대는 열정적 에너지, 자율과 공동체의식, 개방성을 지닌 세대로 평가받으며 한국사회와 문화의 건강성과 생동감을 상징하는 세대로 주목받았다.

집단주의 성향의 386세대가 오프라인에서, 개인주의 경향의 N세대가 온라인에서 활동했던 것에 비해 W세대는 온라인을 통해 조직화되었지만 활동공간을 오프라인, 즉 길거리로 끌어냈다는 점에서 차별성을 보였고 개성이 강하면서도 공동체를 지향하는 특징을 드러냈다.

P세대(P Generation)는 2002 한일 월드컵, 촛불시위, 대통령선거 등을 주도한 우리 사회 변화의 주역으로 사회 전반에 적극적으로 참여하여 패러다임의 변화를 일으키는 세대를 가리킨다. 1980년대의 386세대, 1990년대의 X세대, 2000년 이후 등장한 N세대와 W세대 등을 포괄한다.

P세대는 2003년 제일기획이 처음 만들어낸 용어로 참여(Participation), 열정(Passion), 힘(Potential Power), 패러다임의 변화를 일으키는 세대(Paradigm-shifter) 등 첫 글자가 P로 시작되는 4개의 키워드를 의미한다.

이들에게는 과거 386세대가 가졌던 사회의식, X세대의 소비문화, N세대의 라이프스타일, W세대의 공동체의식과 행동이 모두 융합되어 나타난다. 이들은 비교적 자유로운 정치체제 아래서 성장한 젊은 세대로 자신이 사회를 변화시킬 수 있다고 믿는 적극적이고 긍정적 가치관을 가지고 있다. 또한 사회, 경제, 정치, 문화, 스포츠 등 다방면에 관심이 많고 최신 디지털 기기를 갖고 싶어 하며 TV와 인터넷을 매우 즐긴다.

청소년기에 2002 한 · 일 월드컵, 대선, 촛불시위 등을 겪었던 우리 사회의 20대는 SNS 세상에서 자유롭게 살아가는 디지털 세대로 G세대, N세대, W세대, P세대의 중심 역할을 담당하고 있다. 자유롭고 개방적인 이들은 사회, 문화, 소비 트렌드를 주도하는 세대다.

쇼핑과 여가를 즐기며 패션과 뷰티에 관심이 많고 신제품, 신기술도 적극적으로 수용한다. 이들은 자신을 드러내는 과시적 소비 성향을 보이는 반면, 다양한 디지털 정보채널을 통해 합리적 쇼핑을 추구하는 이중적 특징을 나타내고 있다. 트렌드 세터인 20대의 젊은이들이 한국인의 라이프스타일을 선도하고 있다.

한편 2000년대에 들어서면서 전 세계 곳곳에서 젊은이의 미래에 어두운 그림자가 드리워지고 있다. 사토리 세대, 1,000유로 세대, 88만원 세대, N포 세대가 등장하여 심각한 사회 문제로 대두되고 있다.

일본에서는 1980년대 후반부터 1990년대에 태어난 젊은이들을 **사토리 세대**라고 부른다. 이들은 돈과 출세에 욕심이 없고 자동차나 사치품, 해외여행에도 관심이 없는 일본 청년들을 뜻하는 신조어다. 사토리는 '깨달음, 득도'라는 뜻으로 마치 득도한 것처럼 욕망을 억제하며 희망 없이 사는 젊은 세대를 빗대고 있다. 1990년 버블 경제가 붕괴된 후 장기불황이 지속된 일본의 '잃어버린 20년' 속에서 성장하면서 필요 이상의 돈을 벌지 않고 낭비를 하지 않는 성향을 가지게 됐다고 한다.

1,000유로 세대란 계약직으로 일하면서 한 달에 월급 1,000유로를 받아 근근이 생활하는 이탈리아 청년의 자조적 자화상을 그린 소설 《1,000유로 세대》에서 유래했다. 이 소설은 2005년에 발간된 이후 큰 반향을 일으켰다.

그런데 대학에서 문학석사 학위까지 받고도 8년 간 식료품 가게에서 캐셔로 일한 프랑스 청년이 자신의 체험담을 담은 《캐셔의 고난》이라는 책을 2008년에 출간하면서 700유로 세대라는 말이 널리 쓰이기 시작했다. 이들은 불과 3년 전만 해도 1,000유로 세대라고 불렸으나, 2008년 미국에서 시작된 글로벌 금융위기로 경기가 더욱 악화되면서 700유로 세대로 명칭이 바뀐 것이다.

일본의 사토리 세대, 유럽의 1,000유로 세대와 비슷한 우리나라의 **88만원 세대**는 취업난과 더불어 저임금과 고용 불안에 시달리는 20대 젊은이들을 가리킨다. 이 세대는 2007년 경제학자 우석훈과 기자 출신 박권일이 함께 쓴 책 《88만원 세대》에서 처음 쓰였다. 88만원은 우리나라 비정규직의 평균 임금 119만 원에 20대의 평균 소득비율 74%를 곱해서 산출한 금액으로 미래에 대한 불안 속에서 사회생활을 시작하는 20대의 위상을 비유한 표현이다.

저자는 IMF 외환위기 이후 10년 동안 급격하게 격화되고 있는 세대 간 불균형이 현재 우리나라의 가장 심각한 문제임을 환기시킨다. 이러한 상황 속에서 20대 중 상위 5% 정도만이 대기업이나 5급 공무원 이상의 안정된 직장을 가질 수 있고, 나머지는 평균 임금 88만원을 받는 비정규직 삶을 살게 될 것이라고 하면서 20대를 위해서 뭔가를 만들어내야 한다고 주장했다.

88만원 세대는 우리나라의 여러 세대 중 처음으로 승자 독식 게임에 희생된 불안 세대라 할 수 있다. 몇 년이 지난 후, 이들은 경제적 어려움 때문에 연애, 결혼, 출산을 포기한다고 하여 3포 세대라고 불렸다. 최근에는 그것도 모자라서 인간관계와 내 집 마련도 포기한다고 하여 5포 세대라고 부른다. 안타까운 것은 여기서 더 나아가 꿈과 희망마저 포기하여 7포 세대라는 말까지 나왔다는 것이다. 이렇게 시간이 지날수록 포기하는 것이 많아지다 보니 지금은 이들 세대를 **N포 세대**로 통합해서 부른다.

미래를 이끌어갈 젊은이들이 저임금과 구직난으로 고통 받고 있는 현실을 타개하기 위해서는 정부 차원의 강도 높은 대책이 필요하다. 왜냐하면 젊은이들의 좌절을 단순히 개인의 탓으로 돌릴 수 없기 때문이다. 젊은이의 어깨에 우리나라의 장래가 달려 있다. 이들에게 꿈과 희망, 도전과 용기, 창의와 혁신을 불어 넣어주는 일은 기성세대의 몫이다.

03

젊은 부자의 인간상

여피족, 보보스족, 욘족

1980년대 미국의 젊은 부자를 상징하는 **여피족**(YUPPIES)은 고등교육을 받고, 도시 근교에 살며, 전문직에 종사하여 고소득을 올리는 젊은 층을 말한다. 이는 젊은(Young), 도시화(Urban), 전문직(Professionals)의 머리글자 'YUP'에 1960년대 미국의 물질문명에 항거했던 히피(HIPPIE)를 합성하여 만든 말이다

1970년대까지는 찾아볼 수 없었던 귀공자풍 가치관을 가진 이들은 개인의 취향을 무엇보다도 우선시하며, 매사에 성급하지 않고 여유가 있다. 또 모든 행동거지에 거짓이나 꾸밈이 없으며 깨끗하고 세련된 인간관계를 추구한다.

보보스족(BOBOS)은 부르주아(Bourgeois)의 경제적 여유를 가지면서 자유분방한 보헤미안(Bohemian) 문화를 동시에 누리는 미국의 새로운 상류계급으로 1990년대의 젊은 부자를 상징하는 용어다. 히피, 여피족

에 이어 디지털 시대의 새로운 엘리트로 부상한 상류계층을 말한다.

이들은 경제적으로 많은 소득을 올리면서도 과거의 여피들처럼 자신을 드러내기 위해 사치를 부리지 않고, 오히려 1960년대의 히피나 보헤미안처럼 자유로운 정신을 유지하면서 예술적 고상함을 향유하는 데 힘쓴다.

욘족(YAWNS)이란 젊고 부유하지만 평범하게 사는 사람, 즉 'Young And Wealthy but Normal'의 머리글자를 딴 용어다. 욘족은 1980년대의 여피족, 1990년대의 보보스족에 이어 2000년대 들어 새롭게 부상한 엘리트층으로 '부자인 척하지 않는 부자들'이라는 말이다.

이들은 더불어 사는 삶에 큰 관심을 가져 자선사업에 힘을 쏟는 한편 자기 힘으로 억만장자가 됐지만, 고급요트나 자가용 비행기 등 사치용품을 사는데 돈을 쓰기보다는 가족 중심의 평범한 삶을 추구한다. 여피족의 상징이 이태리 아르마니 정장과 독일 BMW 차라고 한다면, 욘족의 상징은 캐주얼 의상이라고 할 수 있다.

대표적 욘족으로 MS의 전 회장 빌 게이츠(Bill Gates), Yahoo의 공동창업자 제리 양(Jerry Yang), 이베이의 공동창업자 피에르 오미디야르(Pierre Omidyar) 등을 손꼽는다. 우리나라에서는 NHN 창업자 이해진, Daum 창업자 이재웅, NC소프트 창업자 김택진 등이 이에 해당한다.

젊고 도회적이며 전문 고소득층인 여피족, 부자지만 히피처럼 자유지향적인 보보스족, 그리고 부유하지만 평범하게 사는 욘족에게는 공통점이 있다. 그것은 바로 젊고, 자수성가하였으며, 전문직 종사자라는 점이다.

04

신세대 인간상

이피족, 슬로비족, 예티족, 다운시프트족, 인스피리언스족, 싱글족, 욜로족

1990년대 미국 젊은이들의 모습은 현대 산업의 발달과 IT기술의 눈부신 혁신에 따라 등장한 신세대 인간상이다. 우리나라에서는 2000년대에 들어와서 급변하는 사회 환경과 IT 벤처기업의 성공 신화 속에서 등장했다.

이피족(YIFFIES)이란 1990년대에 미국에서 새롭게 등장한 신세대 직업인을 말한다. 이는 젊고(Young), 개인주의적이며(Individualistic), 자유분방하고(Freeminded), 사람 수가 적다(Few)는 단어의 머리글자에서 따온 명칭이다.

이들은 전후 베이비붐이 퇴조하고 출산율이 떨어진 1965년 이후 태어난 고학력자로 자신만의 행복과 만족을 추구하는 경향이 강하다. 여유로운 생활, 가족 중시, 다양한 체험 등 자신의 목적을 위해서라면 직장까지도 버릴 수 있다는 점에서 새로운 청년문화로 분류한다.

슬로비족(SLOBBIES)은 '천천히 그러나 더 훌륭하게 일하는 사람(Slower But Better Working People)'의 약칭으로 물질보다는 마음을, 출세보다는 가정을 중시하는 사람을 말한다. 1990년 오스트리아에서 창설된 '시간 늦추기 대회'에서 유래하였으며, 1990년대 미국에서 처음 등장한 젊은 세대를 일컫는다.

이들은 삶의 속도를 늦추어 보다 천천히 그리고 느긋하게 살자고 주장한다. 그런 이유에서 뛰어난 실력에도 불구하고 직장을 옮기지 않고 낮은 소득을 감수한 채 맡은 일에 충실하고, 주식 투자 대신 저축에 힘쓰며, 가정에 충실하게 산다.

예티족(YETTIES)은 젊고, 기업가적이고, 기술에 능통하고, 인터넷을 잘 다루는 고소득의 20, 30대를 말한다. 이는 'Young, Entrepreneurial, Tech based, Internet Elite'의 머리글자를 딴 용어다.

IT기술의 발전에 따라 1990년대 후반에 등장한 예티족은 민첩하고 유연하며, 일에서만큼은 주말과 야간근무도 마다않는 열정이 있다. 이들은 여유롭고 멋진 삶을 즐기는 1980년대의 여피족(YUPPIES)과 달리, 외모나 취미생활에는 별로 관심 없고 오로지 자기 계발에만 신경 쓴다.

다운시프트족(Downshifts)은 고소득이나 빠른 승진보다는 낮은 소득이더라도 여유 있는 직장생활을 즐기면서 삶의 만족을 찾으려는 사람들을 말한다. 다운시프트는 '저속 기어로 바꾼다.'는 뜻이다.

이들은 1970년대 이후에 태어난 유럽의 젊은 직장인 중에서 높은 연봉과 승진에 매달려 매일 숨 가쁘게 사는 대신 생활의 여유를 가지고 삶을 즐기려는 사람들이다. 따라서 이들은 돈, 명예, 지위보다 시간이 더 중요하다고 생각하기 때문에 넓은 의미에서는 웰빙족의 범주에 포함되며 예티족과는 정반대의 인간상이라고 할 수 있다.

인스피리언스족(Insperience)은 탄탄한 경제력으로 집안을 다양한 용도로 꾸며 놓고 자신만의 삶을 즐기는 사람을 일컫는 말이다. '집안(Indoor)'과 '경험(Experience)'을 결합해 만든 신조어다. 이들은 개인의 자유와 가치를 중요하게 생각하기 때문에 갤러리 같은 거실, 홈시어터, 헬스기구, 홈스파, 커피머신, 와인냉장고, 칵테일바, 홈파티 등 자신의 취향대로 장치와 시설을 갖추고 자유로운 삶을 즐긴다.

이들은 건강하고 여유 있는 삶을 즐긴다는 점에서는 웰빙족이나 다운시프트족과 비슷하지만, 개인적이고 폐쇄적이라는 점에서 다르다. 누에고치처럼 외부세계와 단절된 안락하고 안전한 공간에서 자기만의 생활을 즐기는 **코쿤족**(COCOON)과 라이프스타일 측면에서 유사하다. 일본에서 사회 문제가 되고 있는 은둔형 외토리, 즉 **히키코모리**처럼 코쿤족에 대한 이미지가 우리나라에서는 다소 부정적이다. 그러나 원래 뛰어난 능력과 안정된 직업을 가지고 있는 코쿤족은 스트레스를 해소하고 에너지를 재충전하기 위해 개인 공간에서의 생활을 탐닉하는 것이다.

싱글족(SINGLE)은 일상용어가 된지 꽤 오래된 것 같다. 안정된 경제력과 디지털 활용능력을 갖추고 자기만의 삶을 만끽하며 홀로 사는

20, 30대의 신세대 독신 남녀를 말한다. N포 세대처럼 결혼을 못하는 독신 세대와 달리 이들은 결혼보다 자유와 일을 더 중요시하며 당당하게 살려는 욕구가 강한 나홀로족이다.

요즘에는 불편한 인간관계에서 혼자만의 여유를 즐기고 싶어 하는 솔로들이 증가하면서 혼자 밥을 먹는 사람을 가리켜 **혼밥족**이라고 부른다. 혼밥족이 늘어나면서 편의점 도시락 판매가 급증하고 있고, 마트에서는 소포장 제품과 간편식이 진열대를 가득 메우고 있다.

같은 의미로 혼자 술을 마시는 것을 '혼술', 혼자 노래 부르는 것을 '혼곡', 혼자 영화 보는 것을 '혼영', 혼자 여행 다니는 것을 '혼여'라고 한다. 이 추세에 따라 메뉴자판기와 칸막이를 설치한 1인 라면집과 고깃집, 혼자 노래 부르는 코인 노래방 등 1인 고객을 위한 업소가 속속 등장하고 있다.

참고로 국내 1인 가구가 전체 가구 수 1,911만 중 520만 가구를 넘어섰다. 통계청이 발표한 2015년 인구주택총조사에 따르면 2000년 국내 전체 가구의 15.5%였던 1인 가구가 2015년 27.2%로 빠르게 증가한 것으로 나타났다. 물론 여기에는 싱글족, N포 세대 이외에 이혼 남녀, 독거노인 등이 포함되어 있다. 향후 1인 가구 비율은 2035년에 34.3%로 늘어나 1인 가구 전성시대를 맞이하게 될 것으로 예상된다. 이에 따라 1인용 생활용품이나 식품 등 1인 소비시장은 계속 확대될 것으로 전망된다.

최근에 1인 가구 소비시장과 관련하여 **욜로족**(YOLO)이 뜨고 있다.

욜로는 ‘한 번 사는 인생(You Only Live Once)’의 줄임말로 ‘한 번뿐인 인생 즐겁게 살자’는 의미를 담고 있다.

욜로족은 저성장 · 저물가 · 저금리 시대에 필연적 결과로 나타나는 새로운 트렌드다. 이들은 남이 아니라 자신, 미래보다는 현재의 행복을 중시하는 태도를 보인다. 내 집 마련, 노후 준비보다 지금 당장 삶의 질을 높일 수 있는 해외여행이나 취미생활, 자기계발 등에 아낌없이 돈을 쓴다. 실제로 사용기한이 얼마 남지 않은 호텔상품권이나 항공권 같은 상품을 저렴하게 판매하는 타임커머스 앱(Time Commerce App)인 세일투나잇, 땡처리닷컴, 데일리호텔 등은 갈수록 인기를 끌고 있다.

새로운 남성상

메트로섹슈얼, 그루밍족, 다이아미스터, 노무족

"영국 축구선수 데이비드 베컴, 세계적 영화배우 브래드 피트"

이들은 잘생긴 외모에 감각이 뛰어난 패셔니스타라는 공통점이 있다. 이처럼 패션에 민감하고 외모에 관심이 많은 남성을 가리켜 **메트로섹슈얼**(Metrosexual)이라고 한다. 이 용어는 1994년 영국에서 처음 등장하였으며, 전문직에 종사하는 20, 30대 도시 남성들에게 이러한 경향이 많이 나타난다.

이들은 외모 가꾸기를 자연스럽게 생각해 피부와 헤어스타일에 시간과 돈을 투자하고 쇼핑을 즐기며 음식, 문화 등에 관심을 보인다. 패션 감각이 뛰어난 이들은 유행을 이끌어가며 패션산업의 새로운 소비층으로 떠오르고 있다.

그루밍족(Grooming)은 외모와 미용에 아낌없이 투자하는 남자를 일컫는 신조어다. 여성의 뷰티(Beauty)에 해당하는 남성의 미용 용어로 마부가 말을 빗질(Groom)하고 목욕 시켜주는 데서 유래하였다. 이들은 자신을 돋보이도록 하기 위해서는 피부와 두발, 치아 관리는 물론 성형 수술까지 마다하지 않는다. 외모와 패션에 신경을 쓰는 메트로섹슈얼족이 늘어나면서 그루밍족도 갈수록 증가하는 추세다.

그루밍족이 등장하게 된 배경에는 여권 신장으로 인한 남성의 사회적 영향력 감소를 들 수 있다. 여성의 사회 참여가 갈수록 활발해지고 여성파워가 커지면서, 남성은 상대적으로 사회적 영향력이 줄어들게 됨에 따라 실력뿐 아니라 외모도 잘 갖추어야 성공할 수 있다는 사고가 자리 잡은 것이다.

다이아 미스터(Diamond Mister)는 능력 있는 30, 40대 독신 남성을 뜻하는 골드 미스터(Gold Mister)에다가 외모 가꾸는 데 아낌없이 투자하는 그루밍족의 특성까지 함께 갖춘 남성을 말한다. 최근 결혼 적령기가 갈수록 늦어지면서 소비능력을 갖춘 다이아 미스터가 늘고 있는 추세다.

이들은 명문대 출신, 고소득 전문직, 준수한 외모를 갖춘 노총각 독신남으로 미용, 화장품, 패션, IT 등에도 관심이 많아 자신을 가꾸는 데 시간과 투자를 아끼지 않기 때문에 새로운 소비층으로 주목 받고 있다.

노무족(NOMU)이란 젊은 외모와 자유로운 사고를 지향하는 40, 50대 기혼 남성들을 일컫는 말로 'No more Uncle(더 이상 아저씨가 아니다)'의 약자다. 글자 그대로 이들은 아저씨 또는 중년으로 불리기를 단호히 거부하며 일명 '젊은 오빠'라고 불러주길 원한다.

이들은 외모에도 신경을 많이 쓰고 자기관리에도 철저하며 최신 유행에도 뒤처지지 않으려고 노력한다. 또 다른 특징은 가족을 중요시한다는 것이다. 밖에서 돈만 벌어다 주면 된다는 권위적 생각에서 벗어나 가족과 함께 생활하고 생각을 공유하고자 노력한다.

06

변화하는 여성상

알파걸, 콘트라섹슈얼, 골드미스, 신디스, 나오미족, 루비족

아이를 많이 낳지 않는데다 경제 성장으로 소득이 증가하고 교육 환경이 개선됨으로써 자녀에 대한 교육열은 시간이 지날수록 뜨거워지고 있다. 아들딸 구분 없이 자녀 교육에 집중적으로 투자한 결과, 여성의 사회 참여가 활발해지면서 사회 각 분야에서 여성이 남성을 추월하는 일이 자주 벌어지고 있다.

알파걸(Alpha Girl)이란 2006년 미국에서 처음 등장한 용어로 뛰어난 학업성적과 유능한 리더십, 왕성한 활동성을 바탕으로 자신감과 성취욕을 보이는 10대의 여학생을 가리킨다. '최상'이라는 의미로 쓰이는 그리스어의 첫 글자인 '알파(α)'와 '걸(Girl)'을 결합한 신조어다.

지금은 유능하고 똑똑하고 스펙이 완벽한 여성을 일컫는 말로 사용되고 있으며 상대적으로 무능력하고 나약한 남성을 빗대어 베타보이(Beta Boy)라는 말도 회자되고 있다.

콘트라섹슈얼(Contrasexual)은 결혼이나 육아에 중점을 두는 전통적 여성상보다 사회적 성공과 고소득을 추구하는 새로운 20, 30대의 여성을 말한다. 2004년을 전후해 영국에서 처음 생긴 용어로 '반대'를 뜻하는 라틴어인 '콘트라(Contra)'와 '성'을 뜻하는 '섹슈얼(Sexual)'의 합성어다.

이들은 30대 중반까지는 결혼이나 자녀에 관심을 가지지 않고 자유롭게 연애하면서 돈도 벌고 사회적으로 성공하는 것을 가장 큰 인생의 가치로 삼는다. 여성의 사회 참여가 활발해지고 상대적으로 여성의 사회적 지위가 높아지면서 나타나기 시작한 현상이다.

골드미스(Gold Miss)는 주로 고소득의 사무직이나 전문직에 종사하면서 독신생활을 즐기고 자기 성취욕이 높은 고학력의 30, 40대 미혼 여성을 지칭하는 말이다. 이는 노처녀를 의미하는 한국식 영어인 올드미스(Old Miss)에서 파생된 용어다.

이들은 자기계발에 관심이 많고 자기 자신에게 아낌없이 투자한다. 명품 쇼핑과 해외여행을 즐기는 골드미스에게 결혼은 인생의 우선순위에 없거나 제일 마지막에 자리 잡고 있다. 고학력 여성의 사회 진출이 활발해지면서 점차 늘어나고 있는 추세다.

신디스(SINDIES)는 'Single Incomed Newly Divorced Women'의 이니셜로 경제적으로 능력 있는 이혼한 여성을 가리키는 말이다. 여성의 사회 참여가 늘어나고 경제적 정서적으로 독립이 가능하면서 생겨난 사회 현상이다.

이들 대부분은 30대 여성으로 주말과 야근도 마다하지 않는 열정적 삶을 살아가고 있다. 전통적 가족제도의 그늘에서 살기보다는 혼자 살지언정 가정에 얽매이지 않고 자유롭게 살기를 원한다. 또 깔끔하면서도 지적이며 주로 전문직에 종사하는 경우가 많다. 요즘 이들을 '이혼녀'라는 말 대신에 흔히 '돌싱녀'라고 부른다.

나오미족(Not Old Image)은 신세대에 뒤지지 않는 감각을 가지고 젊고 우아하게 사는 30대 중반에서 40대 초반의 기혼 여성을 말한다. '늙어 보이지 않는다.'는 뜻의 영어 문장을 줄여서 부르는 용어다.

이들은 경제적 사회적으로 안정된 결혼생활을 누리면서 20대의 젊은 라이프스타일을 유지하고 즐기려한다. 1990년대에 결혼했지만 미혼 여성처럼 보이는 미시족(Missy)과 유사하다.

루비족(RUBI)이란 평범한 아줌마이기를 거부하고 외모와 스타일 등 자기 관리가 철저한 40, 50대 중년 여성을 일컫는 말이다. '신선함(Refresh)', '비범함(Uncommon)', '아름다움(Beautiful)', '젊음(Young)'의 첫 글자를 따서 만든 신조어다. 나이가 들어도 자기 자신을 소중히 아끼고 가꾸는 40, 50대의 여성을 가리키는 **나우족**(NOW, New Old Women)에서 발전되었다.

이들은 가족을 위해 희생하며 가정에 헌신하던 60, 70년대의 어머니와는 다르게 안정적 경제력을 바탕으로 미용, 패션 등 자기 자신에 대한 투자를 아끼지 않는다.

07

일그러진 젊은이상

니트족, 캥거루족, 스크럼족, 갤러리족

현대 사회의 복잡성과 불경기 때문에 부정적인 젊은이상이 나타나기도 한다.

니트족(NEET)이란 'Not in Education, Employment or Training'의 줄임말로 학생도 아니고 직장인도 아니면서 직업 훈련도 받지 않는 근로의욕이 없는 젊은 사람을 가리킨다. 이들은 취업에 대한 의욕이 전혀 없기 때문에 일할 의지는 있지만, 일자리를 구하지 못하는 실업자나 아르바이트로 생활하는 **프리터족**(Freeter: Free Arbeiter)과는 다르다.

1990년대 경제상황이 나빴던 영국 등 유럽에서 처음 나타났으며, 1990년대 초 버블 경제 붕괴로 장기간 경기 침체에 빠진 일본에서 빠르게 확산되었다. 최근에 우리나라도 일자리가 없어 취업을 포기하는 청년실업자가 늘어나면서 니트족이 점차 늘어나는 추세다.

소득이 없는 니트족은 소비 능력도 부족하기 때문에 경제의 잠재성장력을 떨어뜨리는 등 국가 경제에 나쁜 영향을 준다. 또한 청년 실업 문제는 여러 가지 사회 문제를 일으키는 불안 요인으로 작용한다. 국제노동기구(ILO)의 발표에 의하면 우리나라 청년(15~29세)의 니트족 비율은 19.2%로 OECD 평균 15.8%보다 3.4% 높은 수치로 나타났다.

나이가 들어서도 부모에게 의존해 생활하는 자식이 지속적으로 증가하는 상황이 계속되자 니트족뿐 아니라 캥거루족, 스크럼족 등 신조어가 계속 생기고 있다.

캥거루족(Kangaroo)은 대학 졸업 후에도 취직하지 않고 계속해서 부모 신세를 지는 고학력의 20, 30대 젊은 층을 말한다. 이들은 니트족에서 조금 더 세분화된 개념이지만, 취업할 수 있음에도 불구하고 경제활동을 하지 않고 부모의 경제력에 기댄다는 점에서는 같다. 심리학자들은 캥거루족이 육체적으로는 성숙하여 어른이 되었지만 사회에 적응하지 못한 채 여전히 어린이로 남아 있기를 바라는 일종의 **피터팬 증후군**(Peter Pan Syndrome)이라고 설명한다.

이와 비슷한 심리 현상으로 **모라토리엄 증후군**(Moratorium Syndrome)이 있다. 이는 충분히 사회인으로서 노동, 납세 같은 의무와 책임을 다할 수 있는데도 불구하고 이를 기피하는 현상을 말한다. 졸업 후 사회로 나가는 것이 두려워 몇 년씩 학교에 남아 있거나 무직 상태로 지내는 것도 이에 포함된다. 이러한 현상의 주원인으로 경기 침체, 일자리 부족, 미래에 대한 불안 등을 지적할 수 있으며, 경제 활동보다 다른 곳에서 삶의 가치를 찾으려는 경향도 하나의 원인이 될 수 있다.

니트족, 캥거루족 같은 사회현상이 싱글에게만 국한되는 것은 아니다. 결혼 후에도 부모에게 의존하는 자식 때문에 여러 세대가 함께 모여 사는 대가족 형태인 **스크럼족**(Scrum)도 등장했다. 스크럼 가족이 탄생하게 된 주요 원인으로 점점 심화되고 있는 주택난, 높은 사교육비, 맞벌이 부부의 증가 등이 꼽힌다.

한편 직장 생활을 하는 젊은 층의 직업관에도 많은 변화가 일어나고 있다. 과거 1980년대 무사안일주의에 빠진 대기업의 화이트칼라를 꼬집는 말인 **좀비족**(Zombies), 1980년대 후반 경기 호황기에 급변하는 기업 환경에 적응하지 못하고 불평불만만 늘어놓는 젊은 직장인을 지칭하는 **버블족**(Bubble)이라는 말이 유행한 적이 있다.

그러다가 1997년 IMF 외환위기 이후 기업 구조조정으로 인해 많은 직장인이 정리해고 당하면서 **갤러리족**(Gallery)이라는 새로운 유형의 직장인이 등장했다. 골프장의 갤러리들이 선수를 따라 이동하는 모습과 같다고 하여 붙여진 신조어다. 이들은 주인의식 없이 회사가 돌아가는 대로 그저 따라다니다가 그만둘 때는 미련 없이 떠난다. 이러한 현상은 지금까지도 계속 이어지고 있어서 일자리를 찾으려고 애쓰는 젊은 구직자의 모습과 씁쓸한 대조를 이루고 있다.

08

맞벌이 부부상

딩크족, 딩펫족, 싱커족, 듀크족, 딘트족

OECD 34개국 평균 맞벌이 비율이 57.0%인데 비해 2015년 우리나라 맞벌이 가구의 비율은 전체의 43.9%로 절반에 못 미치는 것으로 나타났다. 하지만 앞으로 맞벌이 부부는 더욱 늘어날 것으로 전망되며, 실제로 다양한 형태의 맞벌이 부부상이 나타나고 있다.

딩크족(DINK)이란 'Double Income No Kids'의 약자다. 정상적 부부생활을 하면서 의도적으로 자녀를 두지 않는 맞벌이 부부를 일컫는 말이다. 이는 1990년대 미국 베이비붐 세대의 생활양식과 가치관을 대변하는 용어이기도 하다. 이들은 부부 간에 자유와 자립을 존중하며 자신의 일에서 삶의 보람을 찾으려는 경향이 강하다.

1997년 IMF 외환위기 이후 우리나라에서도 딩크족이 늘어나고 있다. 그러나 그 이유는 미국의 경우와 사뭇 다르다. 대부분 내 집 마련과 자녀 양육에 대한 경제적 부담 때문에 딩크족이 되었다.

2000년대에 들어서는 소득수준이 낮아서 자식을 갖지 않는 **핑크족**(PINK, Poor Income No Kids)과 일부러 아이를 낳지 않는 외벌이 부부인 **싱크족**(SINK, Single Income No Kids)이 확산되고 있다. 이들 인구가 늘어날수록 저출산 · 고령화 문제가 심각해지기 때문에 육아나 교육을 지원하는 선진국 수준의 복지제도를 시행할 필요성이 더욱 커지고 있다.

딩펫족(DINKPET)은 딩크족(Dink)과 반려동물을 뜻하는 펫(Pet)의 합성어로 아이 없이 반려동물을 기르며 사는 맞벌이 부부를 말한다. 이들은 자녀 없이 부부끼리 재미있게 살고 싶어 한다는 점에서는 딩크족과 다르지 않다. 그러나 딩크족이 아이를 낳지 않는 반면, 딩펫족은 개나 고양이 같은 반려동물로 자녀를 대신한다는 점에서 다르다. 육아로 인해 스트레스를 받느니 차라리 말 잘 듣는 귀여운 반려동물을 기르며 부부끼리 여유롭고 즐겁게 사는 것이 낫다고 여기는 것이다.

싱커족(THINKER)은 맞벌이(Two Healthy Incomes)를 하면서, 아이를 낳지 않고(No Kids), 일찍 정년퇴직(Early Retirement)해 여유로운 노후생활을 즐기는 사람을 말한다. 이들은 여성의 고학력화, 맞벌이 부부 증가, 자녀에게 얽매이기 싫어하는 라이프스타일 등이 복합적으로 작용하면서 서서히 나타나기 시작한 뒤, 2000년 이후 본격적으로 등장했다. 유럽과 미국 등지에서는 이미 폭넓게 확산되고 있는 이러한 현상은 우리나라에서도 서서히 출현하고 있다.

한편 **듀크족**(DEWK)은 아이가 있는 맞벌이 부부(Dual Employed With Kids)의 머리글자를 딴 용어다. 1999~2000년 미국 경제의 호황으로 맞벌이 부부들이 이제는 아이를 낳고도 잘 살 수 있다는 자신감이 생기면서 일어난 현상이다. 이들은 대체로 고소득 · 고학력의 특징을 보인다. 자기 집을 소유하려는 경향이 강하고, 돈에 대한 부담이 없어진 대신 시간 부족을 크게 느끼며 생활한다.

딘트족(DINT)은 'Double Income No Time'의 이니셜로 경제적으로는 풍족하지만, 일 때문에 바빠서 미처 돈 쓸 시간이 없는 신세대 맞벌이 부부를 일컫는다. 이들은 인터넷 쇼핑몰, TV홈쇼핑의 주요 고객으로 떠오르고 있다. 이들을 타깃으로 한 식당이나 판매점은 영업시간을 연장하고 있으며, 예술 공연 등 문화행사 또한 밤늦게 시작하는 경우가 늘고 있다.

09

실버 세대의 변화

뉴 실버 세대, 통크족, 우피족, 와인 세대

2000년에 고령화 사회에 진입한 우리나라는 2018년에 고령 사회로 진입할 것으로 보인다. 이는 베이비붐 세대가 65세에 진입하는 시점과 맞물린다. 2026년에는 고령인구 비율이 20.8%에 달해 초고령 사회가 될 전망이다. 이처럼 고령 인구가 점점 늘어감에 따라 새로운 라이프스타일의 실버 세대가 등장하고 있다.

뉴 실버 세대(New Silver Generation)란 정년퇴직 후에도 활발한 활동을 하면서 사회적 경제적 영향력을 행사하는 고령 세대를 일컫는다. 퇴직금이나 연금 등으로 생활하거나 자식이 주는 용돈으로 여생을 보내는 기존의 실버 세대(Silver Generation)와 구별되는 새로운 실버 세대다. 1945년 해방 이후에 태어난 전후 세대가 바로 여기에 속한다.

통크족(TONK)은 'Two Only No Kids'의 약칭으로 자녀의 부양을 거부하고 부부끼리 독립적으로 생활하는 노인 세대를 말한다. 이들은 손자손녀를 돌보느라 시간을 빼앗기던 할아버지와 할머니의 전통적 역할을 거부하고 자신들만의 오붓한 삶을 즐기려고 한다. 이들은 자녀에게 의존하지 않고 취미와 여가활동을 즐기면서 두 사람만의 인생을 찾고자 하는 새로운 노인상으로 뉴실버 세대와 일치한다. 경제 수준이 향상되고 각종 연금제도 등이 발달하여 이들이 출현하게 되었다.

우피족(WOOPIES)은 경제적으로 여유를 즐기며 사는 풍요로운 노인을 일컫는다. 이는 'Well-off Older People'의 약자로 2003년 이후에 생긴 신조어다. 나이는 50대 이상, 부모의 재산을 상속받았거나, 자신의 돈으로 '여생을 풍족하게 살아갈 수 있는 노인 세대를 가리킨다. 자식에게 신세지지 않고 독자적으로 경제생활을 영위할 수 있는 이들은 자녀의 양육도 거의 끝나고, 다른 연령층에 비해 저축액도 많아 소비에 인색하지 않은 편이다.

한편 386 세대와 65세 이상 실버 세대의 중간에 있는 기성 세대를 **와인 세대**(WINE)라고 한다. 와인(WINE)은 '균형 잘 잡힌 새로운 장년층'이라는 의미를 지닌 'Well Integrated New Elder'의 머리글자에서 따온 말이다. 2004년 제일기획이 4564 세대를 규정하며 만든 용어다. 이들은 광복 이후 태어나서 경제성장기에 청년시절을 보내며 한강의 기적을 만들어낸 주역이지만, IMF 외환위기로 구조조정 당하고 젊은 세대 중심의 급격한 사회 변화의 충격을 겪으며 인고의 세월을 거쳐 온 장년 세대다.

고령화 사회를 지나 고령 사회 진입을 눈앞에 두고 있는 우리나라는 출생률을 높이기 위한 정책과 함께 노인 복지를 강화하는 대책을 동시에 추진해야 하는 숙제를 안고 있다. 숙제를 해결하기가 쉽지 않아 보인다.

10

건강과 안전 지향의 현대인

웰빙족, 로하스족

처음 우리 사회에 불어 닥친 웰빙 열풍이 개인의 건강과 행복을 중시하는 트렌드였다면, 요즘은 한걸음 더 나아가 환경 등 사회적 웰빙을 추구하는 로하스 바람이 거세게 불고 있다.

웰빙(Wellbeing)족은 2000년 이후 새롭게 등장한 인간상으로 몸과 마음의 건강이 조화를 이루면서 여유롭고 행복한 삶을 추구하는 사람을 일컫는다. 이들은 현대 산업사회의 병폐를 인식하고 물질적으로는 덜 풍족하더라도 건강하고 균형 잡힌 삶을 살기 위해 많은 시간과 노력을 기울인다. 육체의 건강과 마음의 안정을 최우선 가치로 여기는 이들은 외식이나 인스턴트식품 대신 슬로푸드(Slow Food)와 유기농 식품을 선호하고 화학조미료나 탄산음료를 꺼린다. 또한 요가, 헬스 등 운동을 통해서 몸과 마음의 건강을 추구하고 여행, 레저, 스포츠 등을 통해 삶의 여유를 찾는다.

사실 우리나라에 웰빙 바람이 불게 된 계기는 미국에서 시작된 웰빙의 라이프스타일이 사치스럽고 고급스러운 삶의 패턴으로 변질되어 국내에 소개되면서부터다. 원래는 고도의 물질문명에 대항해 미국의 중상류층이 사회대안운동으로 자연주의, 뉴 에이지(New Age) 문화를 받아들이면서 파생된 삶의 방식이었다.

로하스족(LOHAS)은 개인의 건강한 삶과 사회 전체의 안전한 환경을 동시에 추구하고 실천하려 하는 사람을 말한다. 이는 2000년 미국의 내추럴 마케팅연구소가 처음 사용한 용어로 'Lifestyles Of Health And Sustainability'의 약자다. 이들은 개인의 정신적 · 육체적 건강뿐 아니라 환경까지 고려하는 친환경적 소비 행태를 보인다. 이렇게 로하스의 개념이 사회적 웰빙이라는 점에서 개인을 중심으로 잘 먹고 잘 살기를 추구하는 웰빙과는 차이가 있다.

예를 들어 가족의 건강을 위해 벽지를 친환경 소재로 바꾸는 것은 웰빙이다. 그러나 벽지의 원료가 재생 가능한 것인지, 폐기할 때 환경 파괴 성분이 안 나오는지 등을 따지는 것은 로하스다. 로하스의 대표적 활동으로는 천기저귀나 장바구니 사용하기, 일회용품 사용 줄이기 등이 있다.

과거 부족했던 시절에 일만 열심히 했던 부모 세대와 달리, 먹을 것이 넘쳐나 비만, 성인병, 환경오염 등을 걱정하는 요즘의 자식 세대는 분명 잘 먹고 잘 사는 세대임에 틀림없다. 그러나 동시에 그들의 자녀가 앞으로 안전한 환경 속에서 건강하게 살아 갈 수 있도록 노력해야 하는 책임과 의무를 짊어지고 있기도 하다.

참고문헌

《21세기 지식경영》, 피터 드러커 지음, 이재규 옮김, 한국경제신문, 2002

《3차 산업혁명》, 제레미 리프킨 지음, 안진환 옮김, 민음사, 2012

《4차 산업혁명》, 김대호 지음, 커뮤니케이션북스, 2016

《80/20 법칙》, 리처드 코치 지음, 공병호 옮김, 21세기북스, 2000

《88만원 세대》, 우석훈 · 박권일 지음, 레디앙, 2007

《CEO 필수 상식사전》, 정재학 지음, 길벗, 2009

《EQ 감성지능》, 대니얼 골먼 지음, 한창호 옮김, 웅진지식하우스, 2008

《FAST SECOND》, 콘스탄티노스 마르키데스 지음, 김재문 옮김, 리더스북, 2005

《감정노동》, 앨리 러셀 혹실드 지음, 이가람 옮김, 이매진, 2009

《결정적 순간 15초》, 얀 칼슨 지음, 김영한 옮김, 다산북스, 2006

《경영 필수 상식사전》, 정재학 지음, 길벗, 2014

《경영의 실제》, 피터 드러커 지음, 이재규 옮김, 한국경제신문, 2006

《경영의 절대지식 50》, 야마시타 히사노리 지음, 황소연 옮김, 새로운제안, 2004

《경영이란 무엇인가》, 조안 마그레타 지음, 권영설 옮김, 김영사, 2004

《경제 상식사전》, 김민구 지음, 길벗, 2008

《경제법칙 101》, 김민주 지음, 위즈덤하우스, 2011

《경제학자의 인문학 서재》, 김훈민 · 박정호 지음, 한빛비즈, 2012
《고영성의 뒤죽박죽 경영상식》, 고영성 지음, 스마트북스, 2015
《공병호의 독서노트》, 공병호 지음, 21세기북스, 2003
《깨진 유리창 법칙》, 마이클 레빈 지음, 김민주 · 이영숙 옮김, 흐름출판, 2006
《나비효과 블루오션 마케팅 100》, 안종배 지음, 미래의창, 2005
《다중지능》, 하워드 가드너 지음, 유경재 · 문용린 옮김, 웅진지식하우스, 2007
《당신만 몰랐던 식당 성공의 비밀》, 조환묵 지음, 새로운제안, 2014
《대한민국 일등상품 마케팅전략》, 조서환 지음, 위즈덤하우스, 2005
《대한민국에서 감정노동자로 살아남는 법》, 김계순 · 박순주 지음, 새로운제안, 2013
《디테일의 힘》, 왕중추 지음, 허유영 옮김, 올림, 2005
《디퍼런트》, 문영미 지음, 박세연 옮김, 살림Biz, 2011
《란체스터 법칙》, 이영직 지음, 청년정신, 2002
《롱테일 경제학》, 크리스 앤더슨 지음, 이오준 옮김, 랜덤하우스코리아, 2006
《마이클 포터의 경쟁우위》, 마이클 포터 지음, 조동성 옮김, 21세기북스, 2008
《마이클 포터의 경쟁전략》, 마이클 포터 지음, 조동성 옮김, 21세기북스, 2008
《마케팅 불변의 법칙》, 지음, 알 리스 · 잭 트라우트 지음, 이수정 옮김, 비즈니맵, 2008
《마케팅 성공사례 상식사전》, 케빈 리 지음, 길벗, 2010
《마케팅 전쟁》, 앨 리스 · 잭 트라우트 지음, 안진환 옮김, 비즈니스북스, 2009
《마케팅 천재가 된 홍대리》, 권경민 지음, 다산라이프, 2013
《마케팅론》, 필립 코틀러 지음, 유동근 옮김, 석정, 1987
《마켓 3.0》, 필립 코틀러 지음, 안진환 옮김, 타임비즈, 2010
《마켓 4.0》, 필립 코틀러 외 2인 지음, 이진원 옮김, 길벗, 2017
《마태효과》, 시우 지음, 오수형 옮김, 사람과책, 2006
《매니지먼트》, 피터 드러커 지음, 남상진 옮김, 청림출판, 2007
《멀리 가려면 함께 가라》, 이종선 지음, 웅진씽크빅, 2009

《버즈: 입소문으로 팔아라》, 엠마뉴엘 로젠 지음, 송택순 옮김, 해냄, 2009
《보랏빛 소가 온다》, 세스 고딘 지음, 남수영이주형 옮김, 재인, 2004
《블루오션전략》, 김위찬 · 르네 마보안 지음, 강혜구 옮김, 교보문고, 2005
《사람의 마음을 얻는 법》, 김상근 지음, 21세기북스, 2011
《사회란 무엇인가》, 김성은 지음, 책세상, 2009
《성공하는 기업들의 8가지 습관》, 짐 콜린스 지음, 워튼포럼 옮김, 김영사, 2009
《세렌디피티의 법칙》, 미야나가 히로시 지음, 김정환 옮김, 북북서, 2010
《세상에 너를 소리쳐》, 빅뱅 지음, 쌤앤파커스, 2009
《세상을 움직이는 100가지 법칙》, 이영직 지음, 스마트 비즈니스, 2009
《세상을 지배하는 숨은 법칙》, 이상훈 지음, 21세기북스, 2012
《스티브 잡스 무한혁신의 비밀》, 카민 갤로 지음, 박세연 옮김, 비즈니스북스, 2010
《시골의사 박경철의 자기혁명》, 박경철 지음, 웅진싱크빅, 2011
《시장을 움직이는 49가지 마케팅의 법칙》, 정연승 지음, 한스미디어, 2010
《시장의 흐름이 보이는 경제 법칙 101》, 김민주 지음, 위즈덤하우스, 2011
《심리상식사전》, 마테오 모테를리니 지음, 이현경 옮김, 웅진지식하우스, 2009
《심리학의 즐거움》, 크리스 라반 · 쥬디윌리암스 지음, 김문성 옮김, 휘닉스, 2005
《아웃라이어》, 말콤 글래드웰 지음, 노정태 옮김, 김영사, 2009
《아이폰형 인간 vs 렉서스형 인간》, 정혁준 지음, 한즈미디어, 2011
《엄홍길의 휴먼 리더십》, 김경준 지음, 에디터, 2007
《엔트로피》, 제레미 리프킨 지음, 이창희 옮김, 세종연구원, 2004
《위대한 기업은 다 어디로 갔을까》, 짐 콜린스 지음, 김명철 옮김, 김영사, 2010
《유식의 즐거움》, 왕경국 · 장윤철 외 편저, 휘닉스, 2006
《유쾌한 심리학 1, 2》, 박지영 지음, 파피에, 2003, 2006
《이건희 27 법칙》, 김병완 지음, 미다스북스, 2012
《인문의 숲에서 경영을 만나다 1,2,3》, 정진홍 지음, 21세기북스, 2007, 2008, 2010

《인사이트 지식사전》, 조선경제I 연결지성센터 지음, 쌤앤파커스, 2010

《자장면 경제학》, 오형규 지음, 좋은책만들기, 2010

《전략 3.0》, 필립 코틀러 지음, 방영호 옮김, 청림출판, 2011

《정재승의 과학콘서트》, 정재승 지음, 어크로스, 2011

《제3의 물결》, 앨빈 토플러 지음, 유재천 옮김, 학원사, 1985년

《지금 당장 경영전략 공부하라》, 김남국 지음, 한빛비즈, 2015

《지금 당장 경영학 공부하라》, 김태경 지음, 한빛비즈, 2014

《지금 당장 마케팅 공부하라》, 구자룡 지음, 한빛비즈, 2012

《지상 최대의 경제 사기극, 세대전쟁》, 박종훈 지음, 21세기북스, 2013

《창조하는 경영자》, 피터 드러커 지음, 이재규 옮김, 청림출판, 2008

《청소년을 위한 사회학 에세이》, 구정화 지음, 해냄, 2011

《청춘독서》, 유시민 지음, 웅진지식하우스, 2009

《총 · 균 · 쇠》, 재레드 다이아몬드 지음, 문학사상사, 2009

《카오스의 날개짓》, 김용운 지음, 김영사, 1999

《카오틱스》, 필립 코틀러 지음, 비즈니스맵, 2012

《클라우스 슈밥의 제4차 산업혁명》, 클라우스 슈밥 지음,송경진 옮김,새로운현재, 2016

《파괴하고 혁신하라》, 김남국 지음, 한빛비즈 2013

《파킨슨의 법칙》, 노코트 파칸슨 지음, 김광웅 옮김, 21세기북스

《프레임》, 최인철 지음, 21세기북스, 2007

《플랫폼, 경영을 바꾸다》, 최병삼 외 2인 지음, 삼성경제연구소, 2014

《플랫폼의 시대》, 필 사이먼 지음, 장현희 옮김, 제이펍, 2013

《피터 드러커의 사업전략》, 나카노 아키라 지음, 고은진 옮김, 비즈니스맵, 2010

《피터의 원리》, 로렌스 피터 외 지음, 나은영 외 옮김, 21세기북스, 2009

《필립 코틀러의 마케팅》, 미야자키 데츠야 지음, 고은진 옮김, 비즈니스맵, 2010

《하인리히 법칙》, 김민주 지음, 토네이도, 2008

기 타

- 네이버 지식백과
- 두산대백과사전 온라인판
- 매일경제용어사전 온라인판
- 시사상식사전 온라인판
- 한경경제용어사전 온라인판